SHUDU

YOUXI

U0705395

数独游戏跨越了文字与文化疆域，被誉为是全球化时代的魔术方块”。

本书编写组◎编

# 青少年喜欢的数独游戏

QINGSHAONIAN XIHUAN DE SHUDU YOUXI

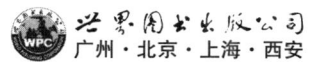

世界图书出版公司
广州·北京·上海·西安

图书在版编目（CIP）数据

青少年喜欢的数独游戏/《青少年喜欢的数独游戏》编写组编.—广州：世界图书出版广东有限公司，2010.11（2024.2重印）
 ISBN 978-7-5100-3026-0

Ⅰ.①青… Ⅱ.①青… Ⅲ.①智力游戏-青少年读物 Ⅳ.①G898.2

中国版本图书馆 CIP 数据核字（2010）第 217434 号

| | | |
|---|---|---|
| 书　　名 | 青少年喜欢的数独游戏<br>QINGSHAONIAN XIHUAN DE SHUDU YOUXI | |
| 编　　者 | 《青少年喜欢的数独游戏》编写组 | |
| 责任编辑 | 张梦婕 | |
| 装帧设计 | 三棵树设计工作组 | |
| 出版发行 | 世界图书出版有限公司　世界图书出版广东有限公司 | |
| 地　　址 | 广州市海珠区新港西路大江冲 25 号 | |
| 邮　　编 | 510300 | |
| 电　　话 | 020-84452179 | |
| 网　　址 | http://www.gdst.com.cn | |
| 邮　　箱 | wpc_gdst@163.com | |
| 经　　销 | 新华书店 | |
| 印　　刷 | 唐山富达印务有限公司 | |
| 开　　本 | 787mm×1092mm　1/16 | |
| 印　　张 | 10 | |
| 字　　数 | 120 千字 | |
| 版　　次 | 2010 年 11 月第 1 版　2024 年 2 月第 11 次印刷 | |
| 国际书号 | ISBN 978-7-5100-3026-0 | |
| 定　　价 | 48.00 元 | |

版权所有　翻印必究

（如有印装错误，请与出版社联系）

# 前 言

2004年底，一种名为数独的数字拼图益智游戏开始风靡欧洲，在短短的几个月内，这种游戏令很多人为之疯狂，而且同步席卷了整个世界。

数独游戏是一个随手拿起笔就能玩的游戏，电脑上能玩，手机上能玩，纸上更能玩。从澳大利亚到克罗地亚，从法国到美国，各家报纸杂志纷纷刊登这种填数游戏。在英国，数独不仅已发展成全民游戏，还有教师主张用它来训练学生的智力。数独游戏相当有趣，几乎每个玩过的人都会上瘾，如今，数独这场智力旋风正劲吹我国，逐渐成为我国广大数独爱好者追逐的时尚，为国内开创了一种崭新的智力休闲生活方式。

数独规则简单，不需要填字游戏所要求的语言和文化背景知识，只需要认识9个数字就能够开始冲锋陷阵，因而它的大受欢迎也就不难理解了。数独非常富于变化，可以说变化是极其之多，据统计，数独游戏有近$6.6 \times 10^{21}$种变化，游戏者穷其一生，也无法破解所有的数独谜题。

数独游戏对少年儿童的益处极大，它可以有效地锻炼观察能力、逻辑能力、推理能力和思维能力，同时也是对毅力的一种考验。往往有时明明看到前面是山重水复疑无路时，变个角度，换种思维，坚持下去，极有可能换来的就是柳暗花明又一村的全新格局，数独游戏展现的就是这种独特的魅力，正是这种独特的魅力才使玩者欲罢不能，深陷其中。

为了推动数独智力游戏蓬勃健康迅速地发展，本书编写组多方搜集资料，精心编排，汇编了这套《校园智慧小魔方丛书》，以献给广大数独爱好者。

本丛书共有五本，分别是《简简单单玩数独》、《风靡校园的数独游戏》、《青少年喜欢的数独游戏》、《数独游戏进阶测验》、《越玩越聪明的数独游戏》。

　　本书是此丛书之《青少年喜欢的数独游戏》，立足于青少年常玩、爱玩的数独游戏，择其精华，合理编排，对活跃青少年的思维，提高青少年的逻辑能力大有裨益，是一本很好的数独读物。

# 目录
## CONTENTS

标准数独 / 1

对角线数独 / 35

奇偶数独 / 60

连续数独 / 71

不连续数独 / 81

连体数独 / 91

杀手数独 / 105

答　案 / 129

# 标准数独

将数字1~9填入空格内,并使每行、每列及每个3×3正方形的宫内都出现1~9且不重复。

## 第 1 题

| | | | | | | | 4 | 3 |
|---|---|---|---|---|---|---|---|---|
| | 7 | | | 3 | | | 5 | 8 |
| | | 1 | 6 | | | | | |
| | 2 | 3 | | | | | | |
| | 4 | | | | | | 6 | |
| | | | | | 1 | 9 | | |
| | | | | | 5 | 4 | | |
| 7 | 3 | | | 1 | | | 2 | |
| 8 | 2 | | | | | | | |

## 第 2 题

|   |   |   |   |   |   |   |   | 2 |
|---|---|---|---|---|---|---|---|---|
|   | 3 | 2 |   | 5 | 8 |   |   |   |
|   |   |   |   |   |   | 6 |   |   |
| 6 |   | 7 | 9 |   |   | 3 |   |   |
|   |   |   |   | 7 |   |   | 5 |   |
| 5 | 9 |   |   |   | 4 |   |   |   |
|   |   | 4 |   |   | 6 |   | 2 |   |
|   |   |   |   | 8 |   |   | 7 |   |
| 9 |   |   |   | 5 |   | 3 |   |   |

这可是最简单的,不要填错哦!

## 第 *3* 题

| | | | | | | | | |
|---|---|---|---|---|---|---|---|---|
| | | 9 | | 4 | | | | |
| 7 | | | 3 | | | | 4 | |
| | 1 | | | | 2 | | | 6 |
| 4 | | | | | 8 | 1 | | |
| | | | | 6 | | | | |
| | | 7 | 5 | | | | | 4 |
| 2 | | | 9 | | | | 5 | |
| | 8 | | | | 7 | | | 1 |
| | | | | 1 | | 3 | | |

这可是最简单的，不要填错哦！

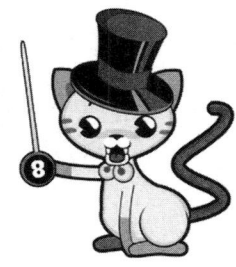

第 4 题

| | | | 8 | | | 4 | | |
|---|---|---|---|---|---|---|---|---|
| | | | | | 2 | | 8 | |
| | | 9 | | 6 | | 8 | | 5 |
| 2 | | | 1 | | | | 4 | |
| | | 7 | | | 1 | | | 8 |
| | | 3 | | | | | 2 | 6 |
| 6 | | | | 1 | | 3 | | 5 |
| | | | 2 | | 6 | | | |
| | | | | 7 | | | 9 | |

这可是最简单的，不要填错哦！

## 第 *5* 题

| | | | | | | | | |
|---|---|---|---|---|---|---|---|---|
| 6 | 8 | | | | | | 4 | |
| | | | 2 | 1 | 8 | | | |
| | | | | | | | 3 | 2 |
| 2 | | | | | | | | |
| | | 3 | 4 | | 6 | 8 | | |
| | | | | | | | | 5 |
| 7 | 5 | | | | | | | |
| | | | 8 | 3 | 9 | | | |
| | 3 | | | | | | 6 | 9 |

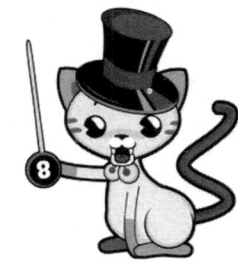

这可是最简单的，不要填错哦！

## 第 6 题

|   | 7 |   | 5 |   | 8 |   | 6 |   |
| 3 |   |   |   |   |   |   |   | 2 |
|   |   | 1 |   | 9 |   | 5 |   |   |
| 4 |   |   |   |   |   |   |   | 8 |
|   |   | 5 |   |   |   | 6 |   |   |
| 6 |   |   |   |   |   |   |   | 3 |
|   |   | 3 |   | 2 |   | 9 |   |   |
| 7 |   |   |   |   |   |   |   | 1 |
|   | 2 |   | 4 |   | 7 |   | 8 |   |

这可是最简单的,不要填错哦!

第 7 题

|   |   | 9 |   |   |   |   | 3 |   |
|---|---|---|---|---|---|---|---|---|
|   |   |   |   |   | 5 |   |   | 2 |
|   | 3 |   |   | 4 |   | 8 |   |   |
| 6 |   | 5 |   |   | 4 |   |   |   |
|   | 9 |   |   |   |   |   | 8 |   |
|   |   |   |   | 7 |   | 2 |   | 3 |
|   |   | 2 |   | 5 |   |   | 9 |   |
| 7 |   |   | 8 |   |   |   |   |   |
|   | 6 |   |   |   |   | 7 |   |   |

这可是最简单的,不要填错哦!

### 第 8 题

|   |   |   | 6 |   |   |   |   |   |
|---|---|---|---|---|---|---|---|---|
|   |   | 9 |   |   | 8 | 1 |   |   |
|   | 8 |   |   | 3 |   |   | 4 |   |
| 1 |   |   | 4 |   |   |   |   | 7 |
|   |   | 8 |   |   | 9 | 3 |   |   |
|   | 5 |   |   | 2 |   |   | 6 |   |
|   | 3 |   |   | 5 |   |   | 2 |   |
|   |   | 4 |   |   | 1 | 9 |   |   |
|   |   |   | 7 |   |   |   |   |   |

这可是最简单的，不要填错哦！

第 9 题

|   |   |   | 4 |   |   |   |   | 6 |
|---|---|---|---|---|---|---|---|---|
|   |   |   |   | 2 |   | 3 | 4 |   |
|   |   | 2 |   | 9 |   |   |   |   |
| 8 |   | 5 |   |   |   |   | 3 |   |
| 2 |   |   | 1 |   | 7 |   |   | 9 |
|   | 4 |   |   |   |   | 7 |   | 8 |
|   |   |   |   | 7 |   | 9 |   |   |
|   | 5 | 3 |   | 6 |   |   |   |   |
| 1 |   |   |   |   | 2 |   |   |   |

这可是最简单的,不要填错哦!

# 第 10 题

| 1 |   |   |   | 4 |   |   |   | 2 |
|---|---|---|---|---|---|---|---|---|
|   | 8 |   |   |   |   |   | 5 |   |
|   |   | 2 |   | 3 |   | 4 |   |   |
|   |   |   | 7 |   | 6 |   |   |   |
|   | 1 |   |   | 2 |   |   | 4 |   |
|   | 7 |   |   |   |   |   | 8 |   |
|   | 6 |   |   | 9 |   |   | 7 |   |
|   |   | 3 |   | 1 |   | 2 |   |   |
|   |   | 4 |   |   |   | 1 |   |   |

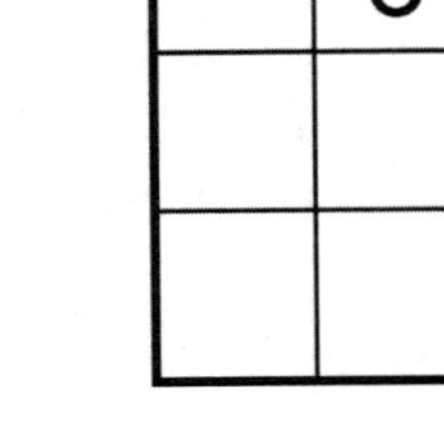

这可是最简单的,不要填错哦!

第 11 题

|   | 3 |   |   |   |   |   | 1 | 5 |
|   |   | 6 | 2 |   |   |   |   | 9 |
|   |   |   |   |   | 8 |   |   |   |
| 4 |   |   |   | 3 |   |   | 7 |   |
|   | 7 |   |   | 5 |   |   | 9 |   |
|   | 5 |   |   | 2 |   |   |   | 4 |
|   |   |   | 4 |   |   |   |   |   |
| 2 |   |   |   |   |   | 7 | 3 |   |
|   |   | 4 | 1 |   |   |   | 8 |   |

这可是最简单的,不要填错哦!

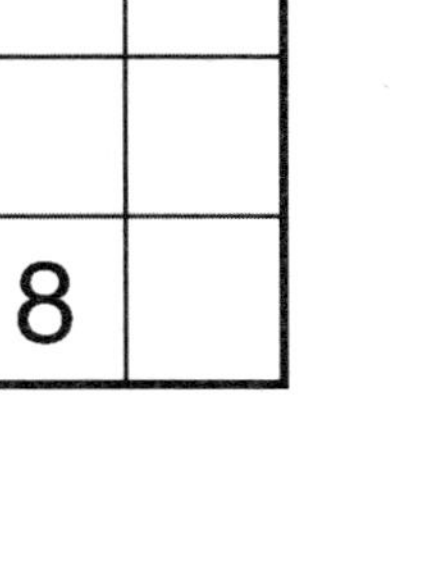

## 第 12 题

| 5 |   |   |   | 3 |   |   |   |   |
|---|---|---|---|---|---|---|---|---|
|   |   | 1 |   |   | 5 |   | 2 |   |
| 9 |   |   |   | 7 |   |   |   | 4 |
|   | 3 |   |   |   |   | 6 |   |   |
| 7 |   |   |   |   |   |   |   | 8 |
|   |   | 6 |   |   |   |   | 5 |   |
| 8 |   |   |   | 9 |   |   |   | 7 |
|   | 2 |   | 1 |   |   | 8 |   |   |
|   |   |   |   | 4 |   |   |   | 6 |

这可是最简单的,不要填错哦!

第 *13* 题

标准数独

| 4 |   |   | 7 |   |   | 9 |   |   |
|---|---|---|---|---|---|---|---|---|
|   |   | 6 |   |   | 5 |   | 3 |   |
|   | 1 |   |   | 2 |   |   |   | 8 |
| 3 |   |   |   | 9 |   |   | 1 |   |
|   |   | 7 |   |   |   | 6 |   |   |
|   | 2 |   |   |   | 4 |   |   | 5 |
| 9 |   |   |   | 3 |   |   | 4 |   |
|   | 5 |   | 1 |   |   | 2 |   |   |
|   |   | 8 |   |   | 8 |   |   | 7 |

这可是最简单的,不要填错哦!

第 14 题

| 9 |   |   |   | 5 |   | 4 |   | 3 |
|---|---|---|---|---|---|---|---|---|
|   | 2 |   |   |   |   |   | 1 |   |
| 3 |   |   |   |   | 6 |   |   |   |
|   |   | 6 | 1 |   | 2 |   |   |   |
| 8 |   |   |   |   |   |   |   | 6 |
|   |   |   | 3 |   | 4 | 7 |   |   |
|   |   |   | 8 |   |   |   |   | 9 |
|   |   | 9 |   |   |   |   | 3 |   |
| 5 |   | 4 |   | 7 |   |   |   | 2 |

这可是最简单的,不要填错哦!

第 15 题

|   | 2 |   |   | 9 |   |   |   |   |
|---|---|---|---|---|---|---|---|---|
| 8 |   |   | 6 |   |   | 1 |   |   |
|   |   | 9 |   |   | 2 |   |   | 4 |
|   |   |   |   | 3 |   |   | 5 |   |
|   |   | 4 |   |   |   | 6 |   |   |
|   | 7 |   |   | 2 |   |   |   |   |
| 9 |   |   | 4 |   |   | 8 |   |   |
|   |   | 6 |   |   | 3 |   |   | 5 |
|   |   |   |   | 5 |   |   | 3 |   |

这可是最简单的,不要填错哦!

## 第 16 题

|   |   | 3 |   | 4 |   |   |   |
|---|---|---|---|---|---|---|---|
|   | 7 |   | 2 |   | 6 |   |   |
| 4 |   |   | 5 |   |   | 8 |   |
|   |   |   |   | 9 |   |   | 5 |
|   | 4 |   |   |   |   | 7 |   |
| 8 |   | 3 |   |   |   |   |   |
|   | 6 |   | 9 |   |   |   | 1 |
|   | 2 |   |   | 7 |   | 3 |   |
|   |   | 4 |   |   | 8 |   |   |

这可是最简单的,不要填错哦!

## 第 *17* 题

| | | | | | | | | |
|---|---|---|---|---|---|---|---|---|
| | 6 | 7 | 5 | | | | | |
| 5 | | | | 8 | 2 | | | |
| | | 2 | | | | | | 3 |
| | 1 | | | | | 4 | | 2 |
| 8 | | | | | | | | 7 |
| 9 | | 6 | | | | | 1 | |
| 7 | | | | | | 6 | | |
| | | | 2 | 9 | | | | 8 |
| | | | | | 1 | 7 | 5 | |

这可是最简单的，不要填错哦！

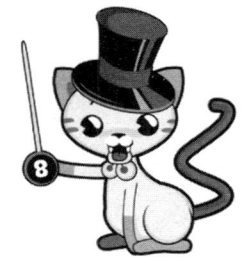

第 18 题

|   |   | 3 |   |   |   | 4 | 2 |   |
|---|---|---|---|---|---|---|---|---|
|   |   |   |   | 7 |   |   |   |   |
| 2 |   |   |   | 5 |   | 1 |   | 9 |
|   | 7 | 9 |   |   | 6 |   |   | 4 |
|   |   |   |   |   |   |   |   |   |
| 4 |   |   | 8 |   |   | 3 | 9 |   |
| 9 |   | 1 |   |   | 7 |   |   | 6 |
|   |   |   |   |   | 5 |   |   |   |
|   |   | 5 | 3 |   |   | 8 |   |   |

这可是最简单的，不要填错哦！

## 第 *19* 题

| | | | | | | | | |
|---|---|---|---|---|---|---|---|---|
| 2 | 3 | | | | | | | |
| 1 | 4 | | | | 6 | 7 | 8 | |
| | | | | | 5 | | 9 | |
| | | | | | 2 | 3 | 5 | |
| | | | | | | | | |
| | 6 | 8 | 7 | | | | | |
| | 9 | | 4 | | | | | |
| | 8 | 7 | 3 | | | | 6 | 4 |
| | | | | | | | 1 | 8 |

这可是最简单的，不要填错哦！

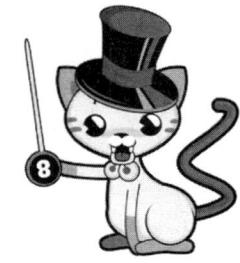

第 20 题

| 5 |   |   |   |   | 6 | 8 | 3 |   |
|---|---|---|---|---|---|---|---|---|
|   |   | 1 |   |   |   |   |   | 4 |
|   | 2 |   |   | 7 |   |   |   | 1 |
|   |   |   | 4 |   |   |   |   | 9 |
|   | 4 |   |   |   |   | 3 |   |   |
| 8 |   |   |   | 9 |   |   |   |   |
| 1 |   |   |   | 8 |   |   | 7 |   |
| 3 |   |   |   |   |   | 5 |   |   |
|   | 9 | 5 | 2 |   |   |   |   | 6 |

这可是最简单的,不要填错哦!

## 第 21 题

|   |   |   |   |   | 9 | 7 |   |   |
|---|---|---|---|---|---|---|---|---|
|   |   |   |   |   |   | 8 |   |   |
| 5 | 2 | 8 | 6 |   |   | 4 |   |   |
| 8 |   |   | 4 |   | 5 | 3 |   |   |
|   |   |   |   |   |   |   |   |   |
|   |   | 2 | 3 |   | 6 |   |   | 7 |
|   |   | 3 |   |   | 7 | 2 | 9 | 6 |
|   |   | 5 |   |   |   |   |   |   |
|   |   | 4 | 8 |   |   |   |   |   |

这可是最简单的,不要填错哦!

## 第 22 题

| 4 |   |   | 1 |   |   |   |   |   |
| --- | --- | --- | --- | --- | --- | --- | --- | --- |
| 1 |   | 2 |   |   |   | 4 | 3 |   |
|   |   | 3 |   |   | 5 |   |   | 2 |
| 9 |   |   | 4 |   |   | 6 |   |   |
|   | 8 |   |   | 5 |   |   | 7 |   |
|   | 7 |   |   |   | 6 |   |   | 8 |
| 2 |   |   | 5 |   |   | 7 |   |   |
|   | 3 | 4 |   |   |   |   | 8 | 9 |
|   |   |   |   |   | 9 |   |   | 5 |

这可是最简单的,不要填错哦!

# 第 23 题

|   |   | 1 | 2 |   |   |   |   |   |
|---|---|---|---|---|---|---|---|---|
|   |   | 3 | 4 |   | 6 | 5 |   |   |
|   |   |   |   |   | 3 | 4 |   |   |
| 2 | 1 |   |   |   |   |   |   |   |
| 3 | 4 |   |   |   |   |   | 8 | 5 |
|   |   |   |   |   |   |   | 7 | 6 |
|   |   | 9 | 8 |   |   |   |   |   |
|   |   | 5 | 1 |   | 4 | 3 |   |   |
|   |   |   |   |   | 5 | 6 |   |   |

这可是最简单的,不要填错哦!

## 第 24 题

|   | 2 | 3 |   |   |   |   |   |   |
|---|---|---|---|---|---|---|---|---|
| 1 |   |   | 4 |   | 6 |   |   | 7 |
|   |   |   |   |   |   |   | 5 | 4 |
|   | 7 | 6 |   |   |   |   |   |   |
| 8 |   |   |   | 5 |   | 1 |   | 4 |
|   |   |   |   |   |   | 2 | 3 |   |
|   | 8 | 1 |   |   |   |   |   |   |
| 9 |   |   |   | 7 |   | 8 |   | 5 |
|   |   |   |   |   |   |   | 7 | 6 |

这可是最简单的,不要填错哦!

第 25 题

|   |   |   |   | 5 | 6 | 7 |   |   |
|---|---|---|---|---|---|---|---|---|
|   | 2 | 3 | 4 |   |   |   | 8 |   |
| 1 |   |   |   |   |   |   | 9 |   |
| 8 |   |   |   |   |   |   | 4 |   |
| 3 |   |   |   |   |   |   |   | 1 |
|   | 5 |   |   |   |   |   |   | 9 |
|   | 8 |   |   |   |   |   |   | 2 |
|   | 7 |   |   |   | 9 | 6 | 5 |   |
|   |   | 5 | 8 | 1 |   |   |   |   |

这可是最简单的,不要填错哦!

第 26 题

|   |   |   |   |   |   |   |   |   |
|---|---|---|---|---|---|---|---|---|
| 3 | 4 |   |   |   |   |   | 5 | 6 |
|   |   |   |   | 8 |   | 2 |   |   |
| 2 | 5 |   |   |   |   |   | 6 | 7 |
|   |   |   |   | 9 |   | 8 |   |   |
| 8 | 3 |   |   |   |   |   | 4 | 5 |
|   |   |   |   | 2 |   | 3 |   |   |
| 5 | 6 |   |   |   |   |   | 8 | 9 |
|   |   |   |   |   |   |   |   |   |

这可是最简单的,不要填错哦!

## 第 27 题

|   |   |   | 2 | 7 |   | 8 | 4 |   |
|---|---|---|---|---|---|---|---|---|
|   | 1 |   |   | 2 |   |   | 3 |   |
|   |   | 4 |   |   | 6 |   |   | 5 |
|   |   | 5 | 1 |   | 4 | 9 |   |   |
|   | 6 |   |   | 5 |   |   | 7 |   |
|   |   | 3 |   |   | 8 |   |   | 9 |
|   |   |   | 8 | 4 |   | 9 | 1 |   |
|   |   |   |   |   |   |   |   |   |

这可是最简单的,不要填错哦!

## 第 28 题

|   | 8 |   |   | 5 |   |   | 6 |   |
|---|---|---|---|---|---|---|---|---|
| 9 |   |   | 4 |   | 6 |   |   | 2 |
|   |   | 3 |   |   |   | 7 |   |   |
|   | 2 |   |   | 6 |   |   | 8 |   |
| 1 |   |   | 7 |   | 5 |   |   | 9 |
|   | 8 |   |   |   |   | 4 |   |   |
|   | 9 |   |   | 1 |   |   | 3 |   |
|   |   |   | 2 |   | 3 |   |   |   |
|   |   | 4 |   |   |   | 5 |   |   |

这可是最简单的,不要填错哦!

## 第 29 题

|   |   | 2 | 7 |   |   |   |   |   |
|---|---|---|---|---|---|---|---|---|
|   | 4 |   | 2 |   |   | 7 | 6 |   |
|   | 6 | 8 |   |   |   | 2 |   | 1 |
|   |   |   |   |   |   |   | 2 | 9 |
|   |   |   |   |   |   |   |   |   |
| 3 | 1 |   |   |   |   |   |   |   |
| 6 |   | 5 |   |   |   | 3 | 9 |   |
|   | 8 | 9 |   |   | 3 |   | 4 |   |
|   |   |   |   |   | 7 | 1 |   |   |

这可是最简单的,不要填错哦!

## 第 30 题

| | 7 | | | 9 | | | 1 | |
|---|---|---|---|---|---|---|---|---|
| 6 | | | 4 | | 7 | | | 9 |
| | | 5 | | | | 4 | | |
| | 6 | | | 1 | | | 7 | |
| 5 | | | 3 | | 6 | | | 8 |
| | 4 | | | 8 | | | 5 | |
| | | 4 | | | | 5 | | |
| 8 | | | 7 | | 1 | | | 2 |
| | 3 | | | 2 | | | 6 | |

这可是最简单的,不要填错哦!

第 31 题

|   |   | 2 | 3 |   |   |   |   |   |
|---|---|---|---|---|---|---|---|---|
|   |   |   | 4 |   |   |   | 8 | 3 |
|   |   |   |   | 5 | 2 |   |   | 8 |
|   | 7 |   |   |   | 9 |   |   |   |
|   | 6 | 9 |   |   |   |   | 7 | 4 |
|   |   |   | 2 |   |   |   |   | 5 |
|   | 4 |   | 9 | 6 |   |   |   |   |
|   | 8 | 3 |   |   |   | 7 |   |   |
|   |   |   |   |   | 8 | 9 |   |   |

这可是最简单的,不要填错哦!

## 第 32 题

|   |   | 4 |   |   | 5 |   | 1 |   |
|---|---|---|---|---|---|---|---|---|
|   | 8 |   | 2 |   |   | 3 |   |   |
| 1 |   |   |   | 9 |   |   |   | 4 |
|   |   |   |   |   | 7 |   | 3 |   |
|   |   | 2 |   |   |   | 1 |   |   |
|   | 7 |   | 8 |   |   |   |   |   |
| 3 |   |   |   | 2 |   |   |   | 7 |
|   |   | 9 |   |   | 1 |   | 4 |   |
|   | 6 |   | 5 |   |   | 2 |   |   |

这可是最简单的,不要填错哦!

## 第 33 题

|   |   |   | 1 |   |   |   | 2 |   |
|---|---|---|---|---|---|---|---|---|
|   |   | 8 |   | 4 |   | 3 |   |   |
|   | 5 |   |   |   | 7 |   |   | 9 |
| 6 |   |   | 4 |   |   |   | 8 |   |
|   |   | 3 |   | 5 |   | 7 |   |   |
|   | 2 |   |   |   | 6 |   |   | 1 |
| 1 |   |   | 5 |   |   |   | 6 |   |
|   |   | 6 |   | 9 |   | 5 |   |   |
|   | 9 |   |   |   | 8 |   |   |   |

这可是最简单的,不要填错哦!

标准数独

## 第 34 题

|   |   |   |   |   | 5 |   |   | 7 |
|---|---|---|---|---|---|---|---|---|
|   | 6 | 2 |   |   | 9 |   |   | 4 |
|   |   | 8 |   | 2 |   |   | 6 |   |
|   |   |   |   | 1 |   |   |   |   |
|   | 4 | 9 |   |   |   | 2 | 7 |   |
|   |   |   |   |   | 4 |   |   |   |
|   | 2 |   |   |   | 6 |   | 8 |   |
| 7 |   |   |   | 3 |   |   | 4 | 5 |
| 3 |   |   |   | 5 |   |   |   |   |

这可是最简单的,不要填错哦!

# 对角线数独

将数字1～9填入空格内,并使每行、每列、每个3×3正方形的宫及两条对角线内都出现1～9且不重复。

## 第35题

| | | | | | | | | |
|---|---|---|---|---|---|---|---|---|
| 9 | 1 | | | | | | | 7 |
| | | 6 | | 7 | 9 | 4 | | |
| | | | | 4 | | | | 6 |
| | 4 | | | | 2 | 3 | | |
| | 7 | 9 | 6 | | | 2 | | 4 |
| | | 3 | | | | | | |
| | | | | 2 | | | | |
| | | | | 9 | 8 | 7 | | 5 |
| 4 | 8 | 7 | | | | 9 | | 2 |

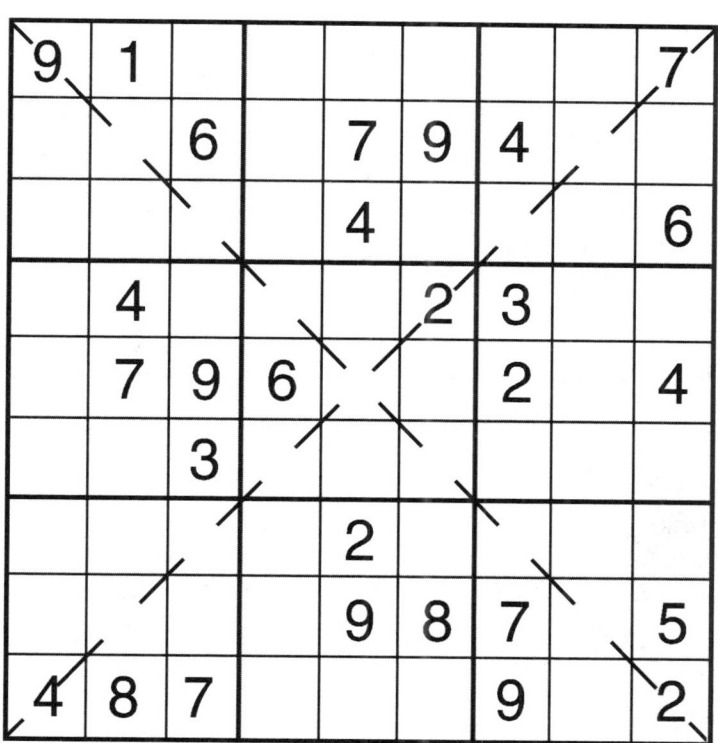

## 第 36 题

|   | 7 |   | 9 |   |   |   |   |   |
| 1 |   |   |   |   | 7 |   | 8 | 2 |
|   | 8 |   | 1 |   |   |   |   | 5 |
| 2 | 1 |   |   |   | 3 |   |   | 9 |
| 8 |   |   |   | 6 |   |   |   | 1 |
|   |   | 9 |   |   | 4 | 5 | 2 |   |
|   |   |   |   |   |   |   | 8 | 3 |
| 7 | 2 | 3 | 8 | 9 |   |   |   |   |
|   |   |   |   |   |   |   | 9 |   |

难度是不断增加的，不要大意啊!

## 第 37 题

对角线数独

|   | 1 |   | 2 | 8 |   |   | 7 |   |
|---|---|---|---|---|---|---|---|---|
| 7 |   | 8 | 1 |   |   |   |   |   |
|   |   |   |   |   | 9 |   | 3 |   |
| 9 |   | 1 |   |   |   |   | 8 |   |
|   |   |   |   | 6 |   |   | 9 |   |
|   | 7 |   | 3 |   | 4 |   |   | 1 |
|   | 3 |   |   |   | 5 | 8 |   |   |
|   |   |   |   |   | 2 |   |   | 9 |
|   | 2 | 5 |   | 1 |   | 3 |   |   |

难度是不断增加的,不要大意啊!

## 第38题

|   | 9 |   | 3 |   | 2 |   |   | 8 |
|---|---|---|---|---|---|---|---|---|
|   |   | 8 |   |   |   |   | 5 | 6 |
|   |   |   | 5 |   | 4 |   |   |   |
| 9 |   |   |   | 3 | 7 |   |   |   |
|   |   | 1 |   | 2 |   |   |   |   |
| 4 |   |   |   |   |   |   | 6 | 3 |
|   |   | 4 | 9 |   | 1 |   |   |   |
|   | 6 | 7 |   |   |   | 1 |   | 4 |
|   |   |   | 6 |   | 8 |   |   |   |

难度是不断增加的,不要大意啊!

# 第 39 题

| | | | | | | | | |
|---|---|---|---|---|---|---|---|---|
| | | | | 8 | 5 | | 3 | |
| | | 3 | | | | 9 | | 8 |
| 6 | 5 | | 1 | | | | 2 | |
| | 1 | | 7 | | | | | 4 |
| | | | | 3 | | | 9 | |
| | 9 | | | | 6 | 7 | | |
| | | | | 2 | | | 7 | |
| 2 | | 9 | | | 7 | 6 | | |
| | | | | 6 | | | 4 | |

难度是不断增加的，不要大意啊！

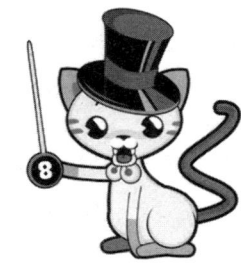

## 第 40 题

|   | 4 |   |   | 8 |   |   | 9 |   |
|---|---|---|---|---|---|---|---|---|
| 9 |   | 8 | 4 |   |   |   |   | 3 |
|   | 3 |   |   | 7 |   |   | 2 |   |
|   |   |   |   | 5 |   |   |   |   |
|   | 6 |   |   | 3 |   |   |   | 7 |
| 8 | 9 |   |   | 1 |   |   | 6 |   |
| 4 |   | 1 |   |   |   |   |   |   |
|   |   |   | 7 |   |   |   |   | 4 |
| 7 |   | 6 |   |   | 8 | 2 |   |   |

难度是不断增加的,不要大意啊!

## 第 41 题

| | | | | | | | | |
|---|---|---|---|---|---|---|---|---|
| | | | | | | 4 | | |
| 4 | | 2 | | 7 | 1 | | | |
| | | 1 | | | | 7 | 2 | |
| 3 | 8 | | | | | 1 | | 6 |
| | | 5 | 4 | | | 8 | | |
| | | | 1 | 9 | | | | |
| | 5 | 8 | | 3 | | 2 | | |
| | | | 8 | | | | 3 | |
| | | | | 2 | | 5 | | |

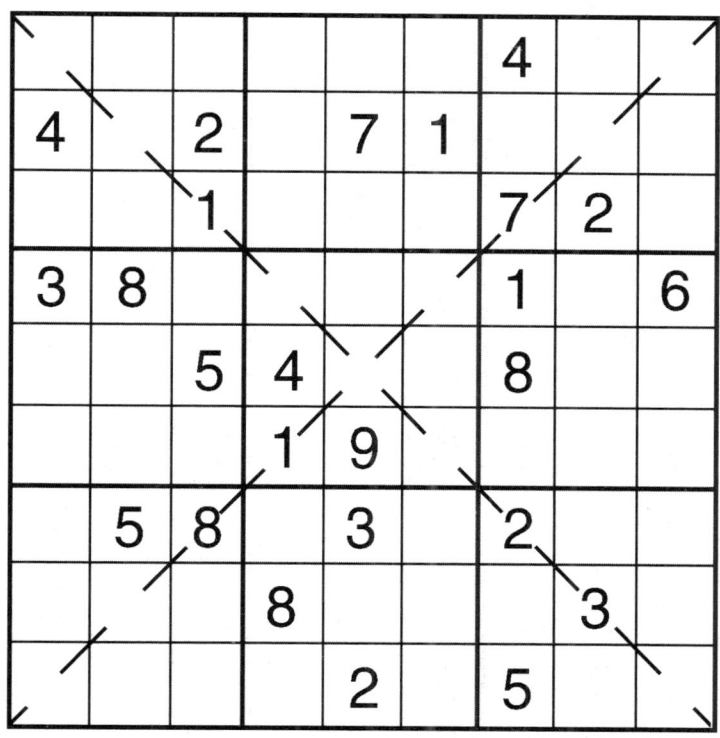

难度是不断增加的，不要大意啊！

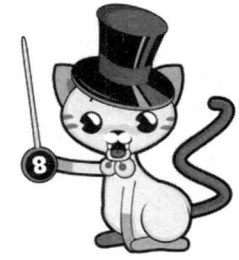

## 第 42 题

|   | 3 |   |   |   | 4 |   |   | 5 |
|---|---|---|---|---|---|---|---|---|
|   |   |   |   | 7 |   |   | 1 |   |
|   | 4 |   |   | 5 |   |   | 9 |   |
| 7 |   | 9 | 4 |   | 1 |   |   |   |
|   |   |   |   |   |   | 2 |   | 1 |
| 5 |   | 8 | 6 |   | 7 | 3 |   |   |
| 3 |   |   |   | 9 |   |   |   | 7 |
|   |   |   |   |   |   |   |   | 8 |
|   | 7 |   | 5 |   |   |   |   |   |

难度是不断增加的,不要大意啊!

## 第 43 题

|   | 2 |   |   | 1 |   | 5 |   |   |
|---|---|---|---|---|---|---|---|---|
| 5 |   |   |   |   |   |   |   | 1 |
|   | 7 |   |   | 4 | 8 |   |   | 3 |
|   | 5 |   | 3 |   | 4 |   |   |   |
| 7 |   |   |   |   |   | 2 |   | 5 |
|   |   |   | 2 |   | 6 |   | 1 |   |
| 9 |   |   |   |   | 1 |   |   | 4 |
|   |   | 4 |   | 9 |   |   |   |   |
|   |   |   |   |   |   | 1 |   |   |

难度是不断增加的,不要大意啊!

## 第 44 题

|   | 7 |   | 9 | 2 |   | 1 |   |   |
|---|---|---|---|---|---|---|---|---|
|   | 9 |   | 5 |   |   |   |   |   |
|   |   |   |   |   |   |   |   | 6 |
|   |   |   |   | 8 | 3 | 4 |   |   |
|   | 6 | 5 |   |   |   |   |   | 1 |
|   |   |   | 7 |   |   | 6 | 2 |   |
|   |   |   |   | 7 |   |   |   | 3 |
| 7 |   |   | 8 |   | 6 |   |   |   |
| 6 |   |   |   |   | 1 | 2 | 9 |   |

难度是不断增加的,不要大意啊!

## 第 45 题

|   |   |   |   | 6 |   |   |   | 7 |
|---|---|---|---|---|---|---|---|---|
| 9 |   |   |   |   |   |   |   |   |
| 2 |   |   | 5 |   | 8 |   |   | 3 |
|   |   |   | 4 | 1 | 7 |   |   |   |
| 6 |   |   |   |   |   |   |   | 4 |
|   |   |   |   |   |   |   |   |   |
|   |   | 7 |   |   |   | 5 |   |   |
|   | 4 |   | 8 |   | 9 |   | 6 |   |
|   |   |   | 7 |   | 6 |   |   |   |
|   |   | 6 |   | 2 |   | 1 |   | 8 |

难度是不断增加的，不要大意啊！

第 46 题

|   |   |   |   |   |   |   |   |   |
|---|---|---|---|---|---|---|---|---|
| 6 |   |   |   |   |   |   |   | 1 |
|   |   | 1 | 9 | 5 | 7 |   |   |   |
|   |   |   | 8 |   | 1 |   | 3 |   |
|   | 1 | 5 |   |   |   | 3 | 6 |   |
|   | 9 |   |   |   |   |   | 5 |   |
|   | 8 | 2 |   |   |   | 9 | 1 |   |
|   | 4 |   | 7 |   | 6 |   |   |   |
|   |   |   | 5 | 4 | 8 | 6 |   |   |
| 5 |   |   |   |   |   |   |   | 9 |

难度是不断增加的,不要大意啊。

第 47 题

对角线数独

|   |   |   |   |   |   |   |   |   |
|---|---|---|---|---|---|---|---|---|
| 4 |   | 6 | 8 |   |   |   | 5 |   |
| 8 |   |   |   |   |   |   |   |   |
|   |   |   | 1 |   |   |   | 6 |   |
|   | 5 |   |   | 7 |   | 8 | 9 |   |
|   | 2 | 3 |   |   |   | 6 | 4 |   |
|   | 1 | 8 |   | 6 |   |   | 7 |   |
|   | 8 |   |   | 4 |   |   |   |   |
|   |   |   |   |   |   |   |   | 3 |
|   | 4 |   |   |   | 7 | 5 |   | 6 |

难度是不断增加的,不要大意啊!

## 第 48 题

|   | 9 |   | 1 |   |   |   |   | 8 |
|---|---|---|---|---|---|---|---|---|
|   |   |   |   | 7 |   |   |   | 6 |
|   |   |   |   | 4 |   |   |   | 3 |
|   |   | 6 |   |   | 7 |   | 4 | 1 |
| 4 |   | 3 |   |   |   |   | 7 | 5 |
| 5 |   | 1 |   |   | 8 |   | 6 |   |
| 8 |   |   |   |   |   | 2 |   |   |
| 2 |   |   |   |   |   | 7 |   |   |
| 6 |   |   |   |   | 3 |   |   | 2 |

难度是不断增加的,不要大意啊!

### 第 49 题

| 5 |   | 6 |   |   |   | 3 |   | 4 |
|---|---|---|---|---|---|---|---|---|
|   |   |   | 9 | 3 | 4 |   |   |   |
| 9 |   | 5 |   |   | 1 |   |   | 7 |
|   | 6 | 3 |   |   |   | 9 | 4 |   |
|   | 2 |   |   |   |   |   | 1 |   |
|   | 9 | 8 |   |   |   | 6 | 5 |   |
| 8 |   |   | 3 |   | 6 |   |   | 9 |
|   |   |   | 8 | 1 | 9 |   |   |   |
| 3 |   | 9 |   |   |   | 1 |   | 6 |

难度是不断增加的,不要大意啊!

第 50 题

| 8 |   | 6 |   |   |   |   |   |   |
|---|---|---|---|---|---|---|---|---|
|   |   |   |   | 1 | 8 | 9 |   |   |
| 5 |   |   | 7 |   | 4 |   |   | 8 |
|   | 6 | 4 |   |   |   |   |   |   |
|   | 2 |   |   |   | 3 |   |   | 1 |
|   | 8 | 3 |   | 4 |   | 5 | 2 | 6 |
|   |   |   |   |   | 5 |   |   |   |
|   |   |   |   |   | 7 |   |   |   |
|   |   | 9 |   | 1 | 6 |   |   |   |

难度是不断增加的,不要大意啊!

# 第 51 题

|   | 6 |   |   | 3 | 2 |   | 1 |   |
|---|---|---|---|---|---|---|---|---|
| 5 |   |   | 1 |   | 7 |   |   | 8 |
| 8 |   |   |   |   |   |   |   | 3 |
| 7 |   |   |   |   |   |   |   | 1 |
| 2 |   |   | 3 |   | 6 |   |   | 9 |
| 6 |   |   |   |   |   |   |   | 2 |
| 1 |   |   |   |   |   |   |   | 4 |
| 9 |   |   | 4 |   | 3 |   |   | 7 |
|   | 5 |   | 9 | 7 |   |   | 8 |   |

难度是不断增加的,不要大意啊!

第 52 题

|   | 2 |   |   | 1 |   | 5 |   |   |
| --- | --- | --- | --- | --- | --- | --- | --- | --- |
| 5 |   |   |   |   |   |   |   | 1 |
|   |   | 7 |   |   | 4 | 8 |   | 3 |
|   |   | 5 |   | 3 |   | 4 |   |   |
| 7 |   |   |   |   |   | 2 |   | 5 |
|   |   |   | 2 |   | 6 |   | 1 |   |
| 9 |   |   |   |   | 1 |   |   | 4 |
|   |   |   | 4 |   | 9 |   |   |   |
|   |   |   |   |   |   |   | 1 |   |

难度是不断增加的,不要大意啊!

# 第 53 题

|   |   | 7 |   | 6 |   |   |   |   |
|---|---|---|---|---|---|---|---|---|
|   |   |   |   |   |   | 8 |   |   |
| 1 |   | 9 |   | 4 |   |   |   |   |
|   | 6 |   |   |   |   | 2 | 9 |   |
|   |   | 1 |   |   | 2 |   |   |   |
|   | 9 | 8 |   |   |   | 1 |   |   |
|   | 2 |   | 1 |   | 9 |   |   | 5 |
|   |   |   |   |   | 4 |   |   |   |
|   | 3 |   | 7 |   | 8 |   |   |   |

难度是不断增加的,不要大意啊!

## 第 54 题

|   | 6 |   |   |   |   |   | 7 |   |
|---|---|---|---|---|---|---|---|---|
|   | 3 |   |   |   |   |   |   |   |
|   |   |   | 5 | 1 | 8 |   |   | 3 |
| 4 |   |   |   |   |   |   | 8 | 5 |
| 7 |   | 1 |   |   |   | 4 |   | 9 |
| 3 |   | 8 |   |   |   |   |   | 2 |
| 6 |   |   | 2 | 8 | 4 |   |   |   |
|   |   |   |   |   |   |   | 4 |   |
|   | 8 |   |   |   |   |   | 2 |   |

难度是不断增加的,不要大意啊!

## 第 55 题

|   | 5 | 2 |   |   |   |   | 8 | 5 |
|---|---|---|---|---|---|---|---|---|
|   |   | 8 |   | 5 |   | 2 |   |   |
|   |   |   |   | 2 |   |   |   |   |
| 8 |   |   | 5 |   | 4 |   |   | 2 |
|   |   |   |   |   |   |   |   |   |
| 5 |   |   | 1 |   | 2 |   |   | 9 |
|   |   |   |   | 3 |   |   |   |   |
|   |   | 5 |   | 1 |   | 7 |   |   |
|   | 8 | 9 |   |   |   |   | 1 | 4 |

难度是不断增加的,不要大意啊!

## 第 56 题

|   |   |   |   |   |   |   |   |   |
|---|---|---|---|---|---|---|---|---|
| 1 |   | 6 |   |   |   | 5 |   | 3 |
|   | 4 |   | 8 |   | 5 |   | 9 |   |
|   |   | 9 |   | 8 |   | 3 |   |   |
|   |   |   | 4 |   | 9 |   |   |   |
|   |   | 8 |   | 7 |   | 6 |   |   |
|   | 3 |   | 7 |   | 6 |   | 2 |   |
| 5 |   | 7 |   |   |   | 1 |   | 6 |
|   |   |   |   |   |   |   |   |   |

难度是不断增加的，不要大意啊！

## 第 57 题

对角线数独

|   | 8 |   |   |   | 7 |   | 1 |   |
|---|---|---|---|---|---|---|---|---|
| 6 |   | 7 |   | 3 |   |   |   | 4 |
|   | 4 |   |   |   |   |   |   |   |
|   |   |   | 8 | 7 |   |   |   | 1 |
|   | 3 |   | 2 |   | 9 |   | 7 |   |
| 8 |   |   |   | 4 | 5 |   |   |   |
|   |   |   |   |   |   |   | 3 |   |
| 1 |   |   |   | 9 |   | 2 |   | 6 |
|   | 6 |   | 3 |   |   |   | 5 |   |

难度是不断增加的,不要大意啊!

## 第58题

|   |   |   |   |   |   |   |   |   |
|---|---|---|---|---|---|---|---|---|
| 8 |   |   |   |   |   |   |   | 1 |
|   |   |   |   |   | 8 |   |   |   |
|   |   | 3 |   | 6 |   | 2 |   | 7 |
| 5 |   |   | 3 |   |   |   | 6 |   | 9 |
|   |   |   |   |   | 2 |   |   |   |
| 1 |   | 7 |   |   |   |   | 5 |   | 3 |
|   |   | 8 |   | 5 |   | 9 |   | 1 |   |
|   |   |   |   |   | 3 |   |   |   |
| 3 |   |   |   |   |   |   |   | 5 |

难度是不断增加的,不要大意啊!

# 第 59 题

|   |   | 5 |   | 3 |   | 6 |   |   |
|---|---|---|---|---|---|---|---|---|
| 2 |   |   | 8 |   | 1 |   |   | 3 |
|   | 3 |   |   | 6 |   |   | 2 |   |
|   | 5 |   | 2 |   | 7 |   | 6 |   |
|   |   |   |   |   |   |   |   |   |
|   | 2 |   | 3 |   | 4 |   | 7 |   |
|   | 7 |   |   | 4 |   |   | 1 |   |
| 1 |   |   | 7 |   | 5 |   |   | 2 |
|   |   | 8 |   | 2 |   | 7 |   |   |

对角线数独

难度是不断增加的，不要大意啊！

## 奇偶数独

将数字1~9填入空格内,并使每行、每列及每个3×3正方形的宫内都出现1~9且不重复。

### 第60题

| | 3 | | | | | 7 | | |
|---|---|---|---|---|---|---|---|---|
| | | | | | 7 | 6 | | |
| | | 7 | | 6 | | | | 3 |
| 2 | 1 | | | 7 | | | 9 | |
| | 6 | | | | | | 5 | |
| | 9 | | | 3 | | | 4 | 2 |
| 3 | | | | 2 | | 9 | | |
| | | | 2 | 9 | | | | |
| | | | 6 | | | | 3 | |

## 第 61 题

|   |   | 1 |   |   |   |   |   | 9 |
| 5 |   |   |   |   |   |   |   |   |
|   |   |   |   |   |   |   |   | 6 |
|   |   |   | 4 |   |   |   |   |   |
|   | 9 |   |   | 7 |   |   |   |   |
|   | 8 |   |   |   |   | 3 |   |   |
|   |   |   |   |   | 9 |   | 3 |   |
|   |   |   |   |   |   |   |   |   |
|   |   |   |   |   |   |   | 6 |   |

这可是明星级的难题,考验你的时候到了。

第 62 题

|   | 6 |   |   |   |   |   | 1 |   |
|---|---|---|---|---|---|---|---|---|
|   |   |   |   | 9 |   | 3 |   |   |
|   |   |   |   |   |   |   |   |   |
| 1 |   |   |   | 8 |   |   |   | 6 |
|   |   |   |   | 1 |   |   |   |   |
|   |   |   |   |   |   |   |   |   |
|   |   |   | 3 |   | 2 |   |   |   |
|   |   | 8 |   |   |   | 9 |   |   |
|   |   |   | 7 |   | 8 |   |   |   |

这可是明星级的难题，考验你的时候到了。

第 63 题

|   |   |   |   |   |   |   |   |   |
|---|---|---|---|---|---|---|---|---|
|   |   |   |   | 8 |   |   |   |   |
| 4 | 9 |   |   |   |   |   |   |   |
|   |   |   |   |   | 9 |   |   |   |
|   |   |   |   |   |   |   | 4 | 2 |
|   |   | 9 |   |   | 7 |   |   |   |
|   |   |   |   |   |   |   | 5 |   |
| 5 | 2 |   |   |   |   |   |   |   |
|   |   |   | 1 |   |   |   |   |   |

这可是明星级的难题,考验你的时候到了。

第 64 题

| | | | | 2 | 7 | 3 | | | |
|---|---|---|---|---|---|---|---|---|
| | | | | | | | | |
| 4 | | | | | | | | |
| | | | | | 1 | | | 3 |
| | | 3 | | | | | | 9 |
| | 6 | | | | | | | 4 |
| | | | | 4 | | | | |
| | | | 7 | | | | | |
| | | | | | | 9 | | |

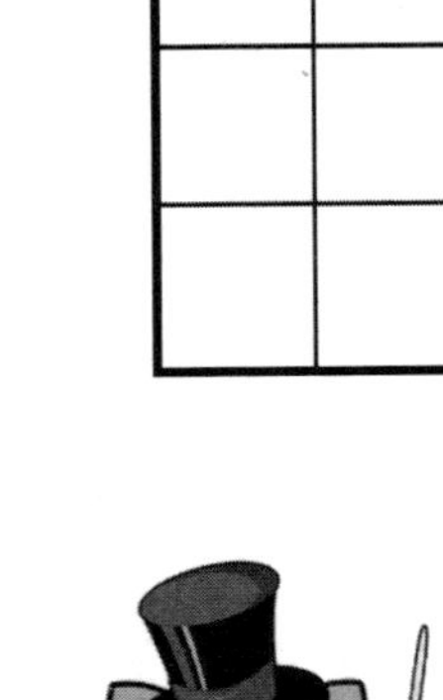

这可是明星级的难题，考验你的时候到了。

第 65 题

|   |   |   |   |   |   |   |   |   |
|---|---|---|---|---|---|---|---|---|
|   |   |   |   |   |   | 5 |   | 7 |
|   |   |   |   |   |   | 8 |   |   |
|   |   |   | 9 |   | 4 |   | 3 |   |
| 6 |   |   |   |   |   |   |   | 5 |
|   | 1 |   | 7 |   | 3 |   |   |   |
|   |   | 9 |   |   |   |   |   |   |
| 7 |   | 2 |   |   |   |   |   |   |
|   |   |   |   |   |   |   |   |   |

奇偶数独

这可是明星级的难题,考验你的时候到了。

### 第 66 题

| | 7 | | | | | | 3 | |
|---|---|---|---|---|---|---|---|---|
| | | | | 8 | | | | |
| | | | | | | | 4 | |
| 1 | | | | | 5 | | | |
| | | | | | | | | 2 |
| | | 5 | | | | | | 1 |
| | | | | | | 7 | | |
| 3 | 8 | | | | | | | |
| | | | 1 | | | 2 | | |

这可是明星级的难题,考验你的时候到了。

## 第 67 题

|   | 6 |   |   |   |   |   |   |   |
|---|---|---|---|---|---|---|---|---|
|   |   |   |   |   | 6 |   |   |   |
|   |   |   | 1 |   | 3 |   |   | 8 |
| 3 |   |   |   |   |   |   |   |   |
|   |   |   |   |   |   | 2 |   | 5 |
|   |   |   |   |   |   |   |   |   |
|   |   |   |   | 4 |   |   |   |   |
|   |   |   |   | 7 |   |   |   |   |
|   |   | 5 |   |   |   |   | 6 |   |

这可是明星级的难题，考验你的时候到了。

奇偶数独

## 第 68 题

|   |   |   | 6 |   |   |   | 8 |   |
|---|---|---|---|---|---|---|---|---|
|   |   |   |   |   |   | 9 |   |   |
|   | 8 |   | 9 |   |   |   |   |   |
|   |   | 3 |   |   |   |   |   | 2 |
|   |   |   |   |   |   |   |   |   |
| 6 |   |   |   |   |   | 5 |   |   |
|   |   |   |   |   | 1 |   | 2 |   |
|   |   | 5 |   |   |   |   |   |   |
|   | 9 |   |   |   | 3 |   |   |   |

这可是明星级的难题，考验你的时候到了。

第 69 题

|   |   | 9 |   | 2 |   |   |   |   |
|---|---|---|---|---|---|---|---|---|
|   |   |   |   | 9 |   |   |   | 7 |
| 6 |   |   |   |   |   |   |   |   |
|   |   | 1 |   |   |   |   | 9 |   |
|   |   |   |   |   | 7 |   |   |   |
|   |   |   |   |   |   |   | 6 |   |
|   | 1 |   |   |   | 8 |   |   |   |
|   |   |   |   |   |   | 5 |   |   |
|   |   |   |   |   |   |   |   |   |

这可是明星级的难题,考验你的时候到了。

第 70 题

|   |   | 9 |   |   |   |   | 4 |   |
|---|---|---|---|---|---|---|---|---|
|   |   |   |   |   | 3 |   |   |   |
|   | 2 |   |   |   |   |   | 5 |   |
| 9 |   |   |   |   |   |   |   |   |
|   |   |   | 8 | 1 |   |   |   |   |
|   |   |   |   |   |   | 5 |   | 4 |
|   |   |   |   |   |   |   | 7 |   |
|   |   |   |   |   | 6 |   |   |   |
|   | 5 |   |   |   |   |   |   |   |

这可是明星级的难题,考验你的时候到了。

# 连续数独

将数字1~9填入空格内,并使每行、每列及每个3×3正方形的宫内都出现1~9且不重复,相邻两格内数字差为1。

## 第 71 题

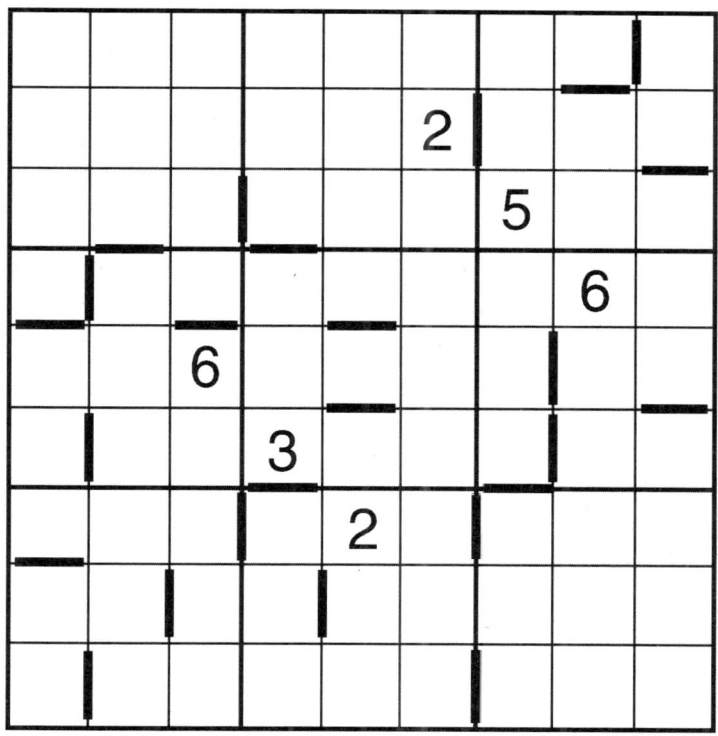

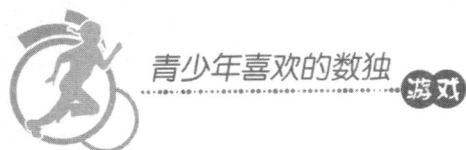

## 第 72 题

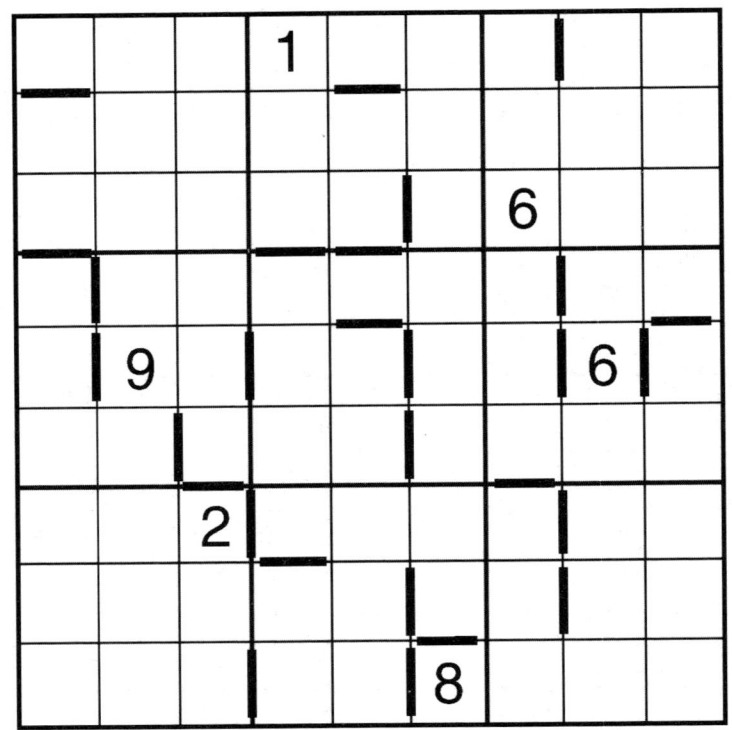

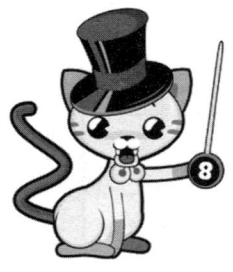

| | | | | | | | | |
|---|---|---|---|---|---|---|---|---|
| | | | 1 | | | | | |
| | | | | | | | | |
| | | | | | | 6 | | |
| | | | | | | | | |
| | 9 | | | | | | 6 | |
| | | | | | | | | |
| | | 2 | | | | | | |
| | | | | | | | | |
| | | | | | 8 | | | |

怎么样，不好做吧，不要放弃，加油！

第 73 题

连续数独

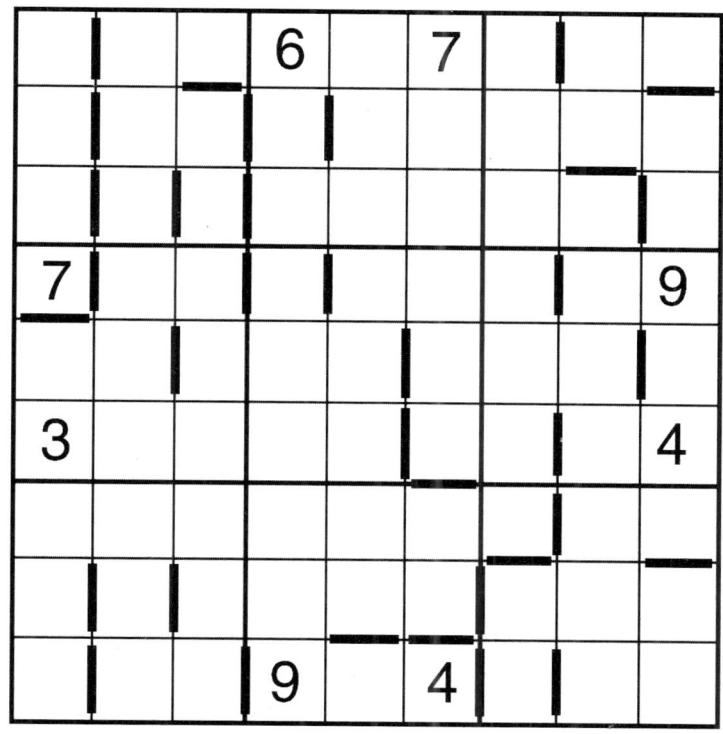

怎么样,不好做吧,不要放弃,加油!

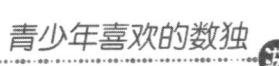

## 第 74 题

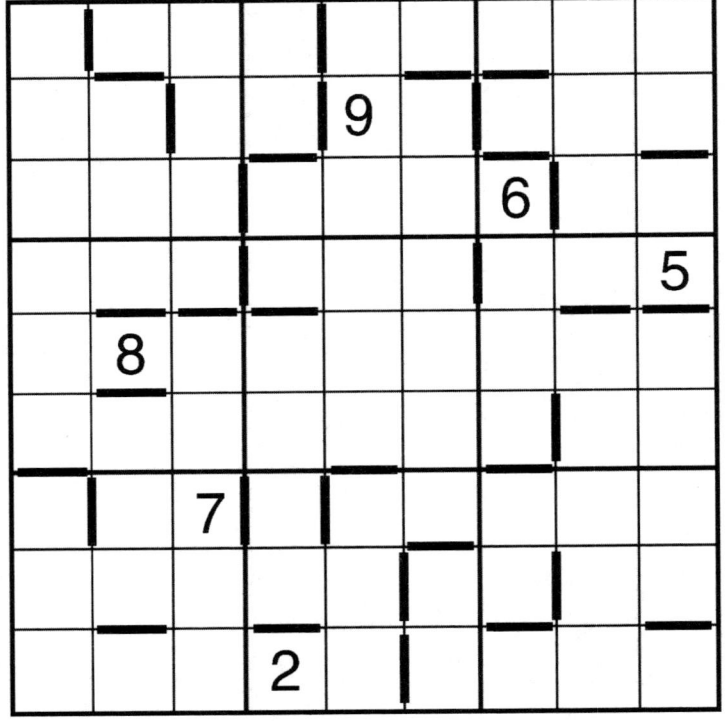

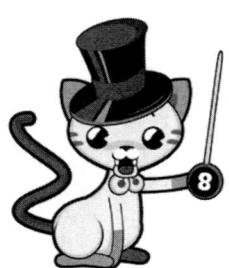

| | | | | | | | | |
|---|---|---|---|---|---|---|---|---|
| | | | | | | | | |
| | | | | 9 | | | | |
| | | | | | | 6 | | |
| | | | | | | | | 5 |
| | 8 | | | | | | | |
| | | | | | | | | |
| | | 7 | | | | | | |
| | | | | | | | | |
| | | | 2 | | | | | |

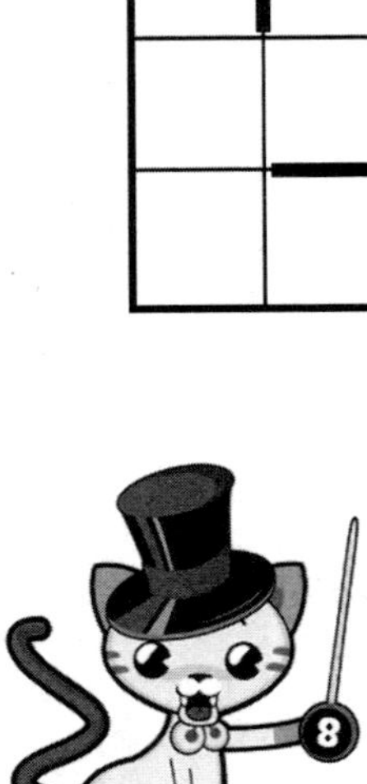

怎么样，不好做吧，不要放弃，加油！

## 第 75 题

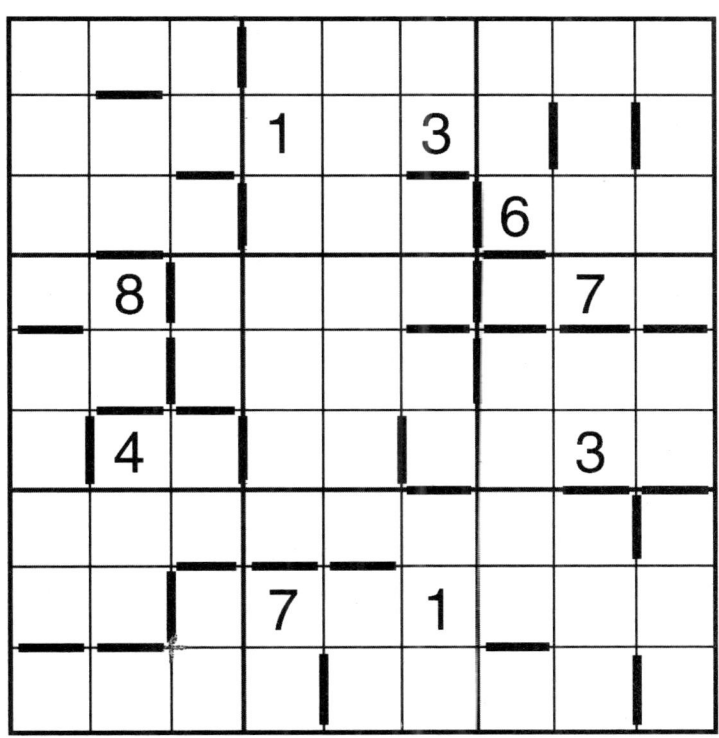

怎么样,不好做吧,不要放弃,加油!

第 76 题

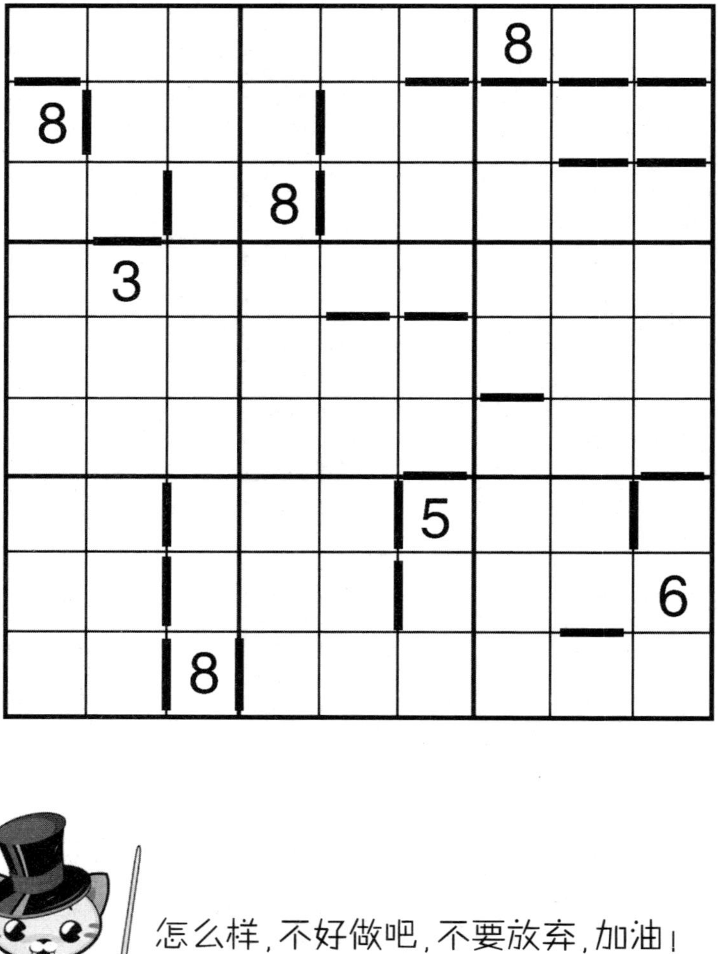

怎么样,不好做吧,不要放弃,加油!

第 77 题

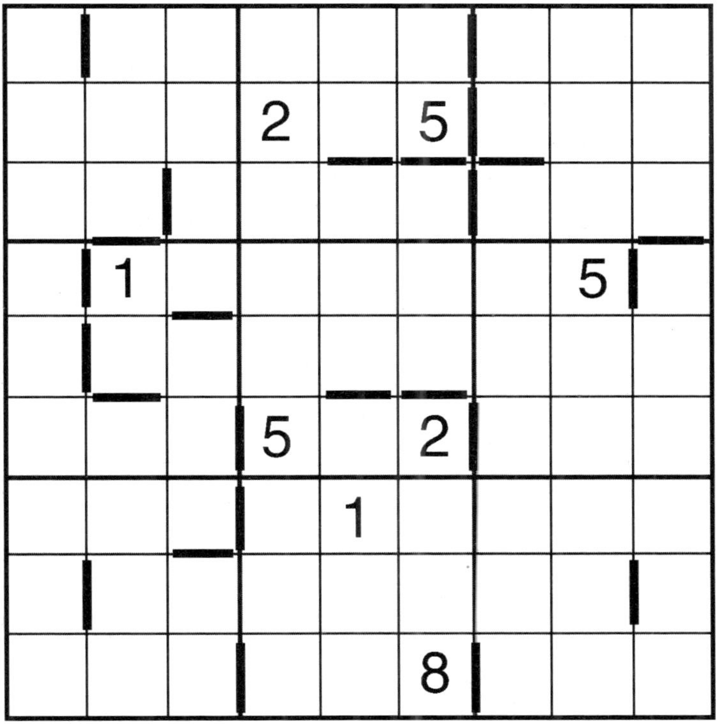

连续数独

怎么样,不好做吧,不要放弃,加油!

### 第 78 题

怎么样，不好做吧，不要放弃，加油！

第 $79$ 题

连续数独

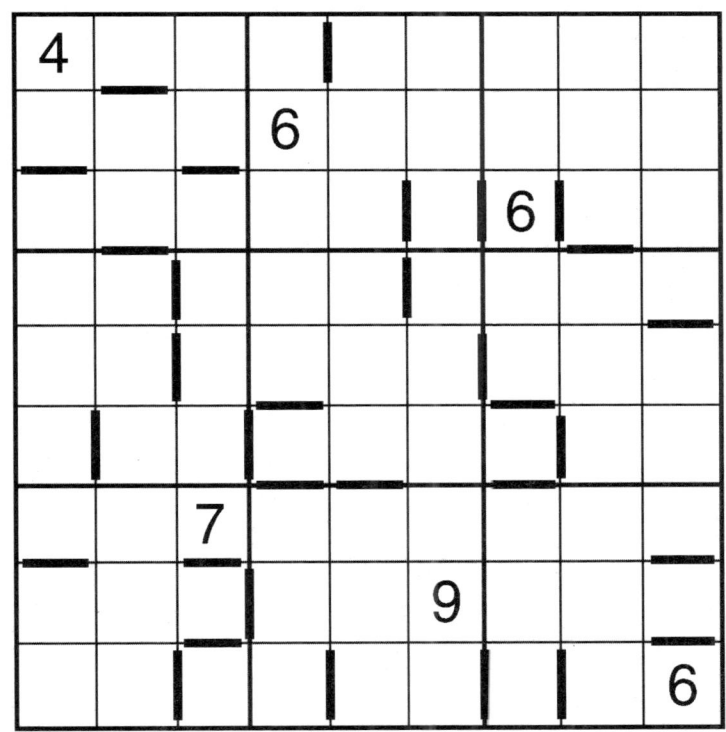

怎么样,不好做吧,不要放弃,加油!

第 80 题

怎么样,不好做吧,不要放弃,加油!

# 不连续数独

将数字1~9填入空格内,并使每行、每列及每个3×3正方形的宫内都出现1~9且不重复,边相邻的单元格中两数的差不为1。

## 第81题

|   |   |   |   | 6 |   | 2 |   |   |
| --- | --- | --- | --- | --- | --- | --- | --- | --- |
| 9 |   |   |   |   |   |   |   |   |
| 3 |   |   |   |   |   | 9 |   |   |
|   |   |   |   |   |   |   | 6 |   |
|   |   |   | 6 |   | 9 |   |   |   |
|   | 1 |   |   |   |   |   |   |   |
|   |   |   | 8 |   |   |   |   | 9 |
|   |   |   |   |   |   |   |   | 6 |
|   |   |   | 3 |   | 2 |   |   |   |

## 第 82 题

|   |   |   | 6 |   | 5 |   |   |   |
|---|---|---|---|---|---|---|---|---|
| 9 |   |   |   |   |   |   |   | 4 |
| 6 |   |   |   |   |   |   |   | 8 |
|   | 6 |   |   |   |   |   | 8 |   |
|   |   |   | 2 | 5 | 1 |   |   |   |
|   |   |   |   |   |   |   |   |   |
|   |   | 5 |   |   |   | 7 |   |   |
|   |   | 9 |   |   |   | 1 |   |   |
|   |   |   |   | 7 |   |   |   |   |

难度不断升级,要小心应对。

# 第 83 题

|   | 2 |   |   |   |   |   |   |   |
|---|---|---|---|---|---|---|---|---|
|   |   |   |   |   |   |   | 6 | 1 |
|   |   | 1 |   | 9 |   |   |   |   |
| 8 |   |   |   |   | 9 |   |   |   |
|   |   |   | 7 |   | 6 |   |   |   |
|   |   |   | 1 |   |   |   |   | 9 |
|   |   |   |   | 6 |   | 8 |   |   |
| 6 | 1 |   |   |   |   |   |   |   |
|   |   |   |   |   |   |   | 9 |   |

难度不断升级,要小心应对。

## 第 84 题

|   |   |   |   |   |   |   | 4 |   |
|---|---|---|---|---|---|---|---|---|
| 8 |   | 9 |   |   |   |   |   |   |
|   |   |   | 9 |   | 8 |   | 1 |   |
|   |   | 2 |   |   |   | 3 |   |   |
|   |   |   |   |   | 9 |   |   |   |
|   |   | 6 |   |   |   | 1 |   |   |
|   | 1 |   | 2 |   | 9 |   |   |   |
|   |   |   |   |   |   |   | 9 | 1 |
|   | 9 |   |   |   |   |   |   |   |

难度不断升级,要小心应对。

# 第 85 题

|   |   |   | 7 | 4 | 9 |   |   |   |
|---|---|---|---|---|---|---|---|---|
|   |   | 7 |   |   |   | 6 |   |   |
|   | 8 |   |   |   |   |   | 7 |   |
| 7 |   |   |   |   |   |   |   | 3 |
| 3 |   |   |   |   |   |   |   | 7 |
| 5 |   |   |   |   |   |   |   | 2 |
|   | 5 |   |   |   |   |   | 3 |   |
|   |   | 3 |   |   |   | 5 |   |   |
|   |   |   | 3 | 9 | 5 |   |   |   |

难度不断升级,要小心应对。

## 第 86 题

|   |   |   |   |   |   | 4 |   | 5 |
|---|---|---|---|---|---|---|---|---|
|   | 5 |   |   |   | 9 |   |   |   |
|   |   |   |   | 1 |   |   |   | 9 |
|   |   |   |   |   |   |   | 2 |   |
|   |   | 1 |   |   |   | 9 |   |   |
|   | 2 |   |   |   |   |   |   |   |
| 5 |   |   |   | 9 |   |   |   |   |
|   |   |   | 2 |   |   |   | 9 |   |
| 6 | 4 |   |   |   |   |   |   |   |

难度不断升级,要小心应对。

# 第 87 题

|   | | 8 | | | | | | 5 |
|---|---|---|---|---|---|---|---|---|
|   | | | | | 5 | | | |
|   | | 9 | | | | | | 3 |
|   | 7 | | | | | | 3 | |
|   | | | | | | | | |
|   | 8 | | | | | | 4 | |
| 6 | | | | | | 3 | | |
|   | | | | 7 | | | | |
| 3 | | | | | | 7 | | |

难度不断升级,要小心应对。

## 第 88 题

|   |   |   |   |   |   |   |   |   |
|---|---|---|---|---|---|---|---|---|
|   |   |   |   | 2 | 5 | 1 |   |   |
|   |   |   |   |   |   |   |   |   |
|   | 4 |   |   |   |   |   | 2 |   |
|   | 1 |   |   |   |   |   | 9 |   |
|   | 8 |   |   |   |   |   | 6 |   |
|   |   |   |   |   |   |   |   |   |
|   |   |   | 4 | 9 | 7 |   |   |   |
|   |   |   |   |   |   |   |   |   |

难度不断升级，要小心应对。

第 89 题

|   |   | 1 |   |   |   |   |   |   |
|---|---|---|---|---|---|---|---|---|
|   |   |   |   | 1 |   | 6 |   |   |
|   |   | 7 |   |   |   |   | 6 | 1 |
|   | 1 |   |   |   |   |   | 2 |   |
|   |   |   |   |   |   |   |   |   |
|   | 2 |   |   |   |   |   | 9 |   |
| 8 |   | 2 |   |   |   | 5 |   |   |
|   |   |   |   | 3 |   | 7 |   |   |
|   |   |   |   |   |   |   | 9 |   |

难度不断升级,要小心应对。

### 第 90 题

| 3 |   | 2 |   |   |   |   |   |   |
|---|---|---|---|---|---|---|---|---|
|   |   |   |   | 1 | 8 |   |   |   |
| 1 |   |   |   |   |   |   |   |   |
|   | 8 |   | 7 |   |   |   |   |   |
|   | 2 |   |   |   |   |   | 5 |   |
|   |   |   |   |   | 6 |   | 7 |   |
|   |   |   |   |   |   |   |   | 7 |
|   |   |   |   | 7 | 5 |   |   |   |
|   |   |   |   |   |   |   | 6 | 5 |

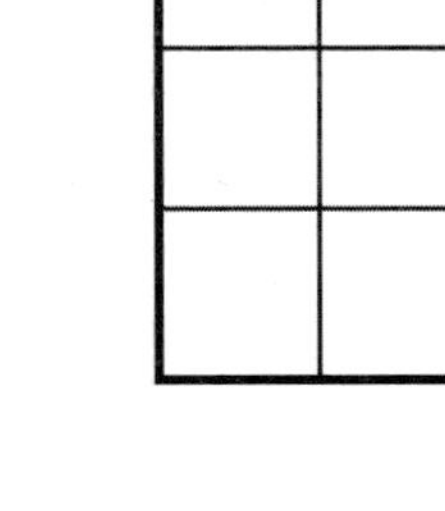

难度不断升级，要小心应对。

# 连体数独

将数字1~9填入空格内,并使每行、每列及每个3×3正方形的宫内都出现1~9且不重复,重叠部分为上下两数独共用部分。

## 第 91 题

| | | | | | | | | |
|---|---|---|---|---|---|---|---|---|
| 9 | | | | 8 | | | | 5 |
| 1 | | | 5 | | 2 | | 6 | |
| | 6 | | | 9 | | 4 | | |
| | | | | 6 | | 3 | | 4 |
| | | | 8 | | 4 | | 9 | |
| 3 | 9 | 4 | | 1 | | | | 6 |
| 4 | | 1 | | | | | | |
| | | | | 4 | | | | |
| 7 | | 6 | 9 | | 1 | | | |

A

| | | | | | | | | |
|---|---|---|---|---|---|---|---|---|
| | | | | 5 | | 4 | | 8 |
| | | | | | | | | |
| | | | 9 | 6 | | | 3 | |
| | 8 | 4 | | 9 | | 5 | | |
| | | | 1 | | 5 | | | |
| | | | | 2 | | 6 | | |
| | | 5 | | 4 | | | 6 | |
| | | | | | 9 | | | |
| 7 | 9 | | | | | 2 | | 4 |

B

提示:先填A,
后填B。

## 第 92 题

|   |   |   |   | 5 | 6 |   | 7 |   |
|---|---|---|---|---|---|---|---|---|
| 9 |   |   |   |   |   |   |   |   |
|   | 3 | 8 |   | 4 |   |   |   |   |
| 7 |   |   |   | 8 |   | 4 |   |   |
|   |   | 4 |   |   | 9 |   | 7 | 3 |
| 5 |   |   | 2 |   |   |   |   |   |
|   | 9 |   |   | 6 |   | 2 |   |   |
| 3 |   |   |   | 2 |   | 9 |   |   |
|   |   | 5 | 3 |   |   | 6 |   |   |
| 1 | 8 |   |   |   |   | 4 |   |   |

A

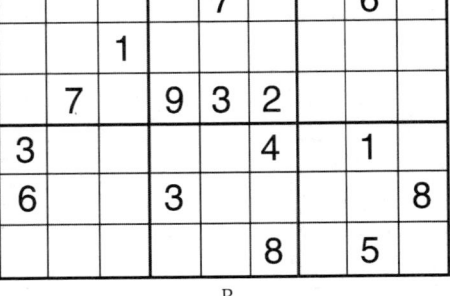

B

提示：先填 A，
后填 B。

尝到厉害了吧，快快转换你的思维。

## 第 93 题

| | | | | | | | | |
|---|---|---|---|---|---|---|---|---|
| 6 | | | | | 1 | 5 | | 4 |
| | | 7 | 4 | | | | | |
| | 1 | | | | 7 | 3 | | |
| | 5 | | | 1 | | | 4 | |
| 1 | | 4 | 8 | | 3 | | | |
| | 6 | | | 5 | | | 8 | |
| 3 | | | | | | | 2 | |
| | | 6 | 1 | 3 | | | | |
| 2 | | | 6 | | | 8 | | 9 |

A

| | | | | | | | | |
|---|---|---|---|---|---|---|---|---|
| | 2 | | | | 3 | | | 8 |
| | | | | 6 | | 1 | | |
| 8 | | 9 | | | 4 | | 6 | |
| | 8 | | | | | | | |
| | | | | | | | | 4 |
| 7 | | 5 | | | | | | 1 |
| | | | | | | | 2 | |
| | | 1 | | | | 8 | | 7 |
| 2 | 6 | | | 5 | | | | |

B

提示：先填A，
后填B。

尝到厉害了吧，快快转换你的思维。

### 第 94 题

|   |   |   |   |   |   |   |   |   |
|---|---|---|---|---|---|---|---|---|
| 9 |   | 6 |   | 4 |   |   | 8 | 5 |
|   |   |   | 8 |   | 2 |   |   |   |
|   | 2 |   |   | 9 |   | 4 |   | 1 |
|   |   |   |   | 6 |   |   | 4 |   |
| 6 |   | 5 | 4 |   | 1 |   | 2 |   |
|   | 1 |   |   | 8 |   | 9 | 5 |   |
| 5 |   |   | 2 |   |   |   |   |   |
|   |   |   |   | 6 |   |   |   |   |
| 7 |   | 9 |   | 5 |   |   |   |   |

A

|   |   |   |   |   |   |   |   |   |
|---|---|---|---|---|---|---|---|---|
|   |   |   |   |   |   |   |   | 8 |
|   |   |   |   |   |   | 9 |   |   |
|   |   |   |   |   |   | 1 |   |   |
|   |   | 3 |   | 5 |   |   |   | 7 |
|   | 6 |   | 2 |   | 1 |   |   |   |
| 4 |   |   |   |   | 3 |   | 9 | 2 |
|   |   |   | 5 |   |   | 2 | 7 |   |
|   |   |   |   |   |   |   |   |   |
|   | 9 |   |   | 5 |   |   |   |   |

B

提示：先填A，
后填B。

尝到厉害了吧，快快转换你的思维。

# 第 95 题

连体数独

|   |   |   |   |   |   |   |   |   |
|---|---|---|---|---|---|---|---|---|
| 9 |   | 3 | 7 |   |   | 4 |   |   |
|   |   |   | 4 |   |   | 6 |   |   |
|   | 2 | 6 |   | 9 |   |   |   |   |
|   | 8 |   |   |   | 4 |   |   |   |
| 2 |   |   | 6 |   | 7 |   |   |   |
|   | 9 |   | 8 | 3 | 2 |   |   |   |
|   | 4 |   | 5 |   | 3 | 8 |   | 6 |
|   |   | 2 |   | 4 | 1 |   | 3 |   |
| 3 |   | 2 |   | 8 | 7 | 1 |   |   |

A

|   |   |   |   |   |   |
|---|---|---|---|---|---|
|   |   |   | 4 |   | 9 |
|   |   |   | 5 |   |   |
|   |   |   | 7 |   | 5 | 2 |
| 7 |   |   |   | 5 | 9 |
|   | 5 |   | 3 |   |   | 1 |
|   |   |   | 4 |   | 2 |   |

B

提示：先填A，后填B。

尝到厉害了吧，快快转换你的思维。

## 第 96 题

|   |   | 1 | 4 | 9 |   |   |   |   |
|---|---|---|---|---|---|---|---|---|
|   | 2 |   |   |   |   | 7 | 6 |   |
|   | 3 |   |   |   |   |   | 4 |   |
| 8 |   |   | 2 |   |   |   | 8 | 3 |
| 7 |   | 8 |   | 6 |   |   |   | 5 |
| 2 |   |   | 7 |   | 6 |   |   |   |
|   |   |   |   | 8 |   | 6 |   | 1 |
|   | 8 |   |   | 5 |   | 3 |   | 8 |
|   | 9 | 6 |   |   | 1 |   |   | 5 |
|   |   | 5 |   |   |   |   | 4 |   |
|   |   | 2 | 4 |   |   | 1 |   |   |
|   |   |   |   | 8 | 7 | 4 |   |   |

尝到厉害了吧,快快转换你的思维。

# 第 97 题

| | | | | | | | | | | | |
|---|---|---|---|---|---|---|---|---|---|---|---|
| | | | 2 | 9 | 6 | | | | | | |
| | | | | | | | 2 | 6 | | | |
| | | | 1 | | | 7 | | | | | |
| 9 | | 8 | 6 | | | | | | | 5 | |
| 1 | | | | | | | 7 | | | 1 | |
| 7 | | | | | 1 | | | | 3 | | |
| | | 6 | | | | 9 | | | | | 2 |
| | 7 | | | 6 | | | | | | | 3 |
| | 9 | | | | | | | 3 | 9 | | 1 |
| | | | | | 8 | | | 6 | | | |
| | | | 3 | 7 | | | | | | | |
| | | | | | | 3 | 5 | 9 | | | |

尝到厉害了吧，快快转换你的思维。

## 第 98 题

| | | | | | | | | | | | |
|---|---|---|---|---|---|---|---|---|---|---|---|
| 5 | 9 | | | 6 | | | | | | | |
| 8 | | | | | | 3 | 7 | 6 | | | |
| | | | | 7 | 1 | | | | | | |
| | | | | 9 | | | | 3 | | 7 | |
| 2 | | 5 | 4 | | | | | | | 8 | |
| | | 9 | | | | 2 | | | | 4 | |
| | 7 | | | | 3 | | | | 2 | | |
| | 5 | | | | | | | 4 | 8 | | 1 |
| | 4 | | 1 | | | | 2 | | | | |
| | | | | | | 5 | 1 | | | | |
| | | | 9 | 7 | 1 | | | | | | 5 |
| | | | | | | | 7 | | | 1 | 3 |

尝到厉害了吧，快快转换你的思维。

## 第 *99* 题

| | | | | | | | | | | | |
|---|---|---|---|---|---|---|---|---|---|---|---|
| 2 | | 1 | | | | | 8 | 4 | | | |
| | | | 1 | 2 | | | 3 | | | | |
| 5 | | | 8 | | 4 | | | | | | |
| | 6 | 7 | | | | 2 | | | | | 6 |
| | 8 | | | 7 | | | | | | 8 | 5 |
| | | 2 | | | | | | 9 | | | |
| | | | 4 | | | | | | 3 | | |
| 8 | 2 | | | | | | 6 | | | 4 | |
| 7 | | | | | 6 | | | | 9 | 5 | |
| | | | | | | 6 | | 5 | | | 8 |
| | | | | 2 | | | 8 | 4 | | | |
| | | | 8 | 5 | | | | | 6 | | 4 |

尝到厉害了吧，快快转换你的思维。

## 第 100 题

|   | 8 | 5 |   |   |   | 3 |   |   |   |
|---|---|---|---|---|---|---|---|---|---|
| 1 |   |   |   |   | 4 |   |   |   |   |
|   |   | 8 |   | 1 |   |   | 7 |   |   |
| 5 |   | 7 |   | 4 |   |   |   | 5 |   |
|   |   |   | 7 | 5 |   |   |   |   | 9 |
|   |   | 3 |   |   | 7 |   |   | 8 |   |
|   | 5 |   |   | 2 |   |   | 4 |   |   |
| 7 |   |   |   |   |   | 2 | 6 |   |   |
|   |   | 9 |   |   |   | 4 |   | 9 | 6 |
|   |   |   | 2 |   | 1 |   | 7 |   |   |
|   |   |   |   | 4 |   |   |   |   | 2 |
|   |   |   | 3 |   |   |   | 2 | 7 |   |

尝到厉害了吧,快快转换你的思维。

## 第 *101* 题

| | | | | | | | | | | | |
|---|---|---|---|---|---|---|---|---|---|---|---|
| | 7 | | | 1 | 3 | | | | | | |
| 1 | | | | | | 7 | | 9 | | | |
| | | | 8 | | | | 2 | | | | |
| | | 4 | | 6 | | 5 | | | | 9 | |
| 8 | | | 3 | | | | | | 1 | | |
| 6 | | | | | | | | 3 | | 7 | |
| | 8 | | 9 | | | | | | | | 6 |
| | | 5 | | | | | | 8 | | | 1 |
| | 3 | | | | 8 | | 7 | | 2 | | |
| | | | | 2 | | | | 5 | | | |
| | | | 8 | | 3 | | | | | | 7 |
| | | | | | | 7 | 3 | | | 4 | |

尝到厉害了吧，快快转换你的思维。

# 第 *102* 题

| | | | | | | | | | | | |
|---|---|---|---|---|---|---|---|---|---|---|---|
| | 8 | | | | | 9 | | 1 | | | |
| 2 | | | | 1 | | | | | | | |
| | | | 5 | | 3 | | 2 | | | | |
| | | 8 | | | | 7 | | | | | 3 |
| | 5 | | | 4 | | | | | 6 | | |
| | | 2 | | | | 5 | | 9 | | | 2 |
| 8 | | | 9 | | 1 | | | | 7 | | |
| | | 4 | | | | | 1 | | | 3 | |
| 5 | | | | | 4 | | | | 5 | | |
| | | | | 1 | | 6 | | 4 | | | |
| | | | | | | | 5 | | | | 6 |
| | | | 4 | | 8 | | | | | 1 | |

尝到厉害了吧，快快转换你的思维。

# 第 103 题

| | | | | | | | | | | | |
|---|---|---|---|---|---|---|---|---|---|---|---|
| | | | 8 | 3 | 7 | 9 | | | | | |
| | | | | | | 8 | | 6 | | | |
| | | | | | | 5 | | 2 | | | |
| | | 8 | | 1 | | | | | | | 9 |
| | | 2 | | | | | | | 7 | | 5 |
| | | | | 8 | | | | 5 | | | 6 |
| 8 | | | 3 | | | | 5 | | | | |
| 3 | | 4 | | | | | | | 1 | | |
| 9 | | | | | | | 6 | | 9 | | |
| | | | 2 | | 9 | | | | | | |
| | | | 8 | | 6 | | | | | | |
| | | | | | | 9 | 3 | 6 | | | |

尝到厉害了吧，快快转换你的思维。

## 第 104 题

|   | 6 |   |   |   | 2 |   | 9 |   |
|---|---|---|---|---|---|---|---|---|
| 2 |   |   | 1 | 6 | 3 |   |   |   |
|   |   |   | 8 |   |   |   | 3 |   |
|   | 1 | 4 |   | 5 |   |   | 6 | 1 |
|   | 3 |   | 7 |   | 1 |   |   |   |
|   | 7 |   |   | 3 |   | 9 |   | 5 |
| 4 |   |   |   | 9 |   | 2 |   | 1 |
|   |   |   |   |   | 5 |   | 1 | 7 |
| 9 |   | 6 |   |   |   | 3 |   | 9 | 6 |
|   |   |   | 8 |   |   |   | 3 |   |
|   |   |   |   | 1 | 8 | 9 |   |   | 6 |
|   |   |   | 1 |   | 3 |   |   |   | 9 |

尝到厉害了吧,快快转换你的思维。

# 杀手数独

将数字1~9填入空格内,并使每行、每列及每个3×3正方形的宫内都出现1~9且不重复;虚线框区域左上角数字为该框内单元格中数字之和,并且同一虚线框内数字彼此不重复。

## 第105题

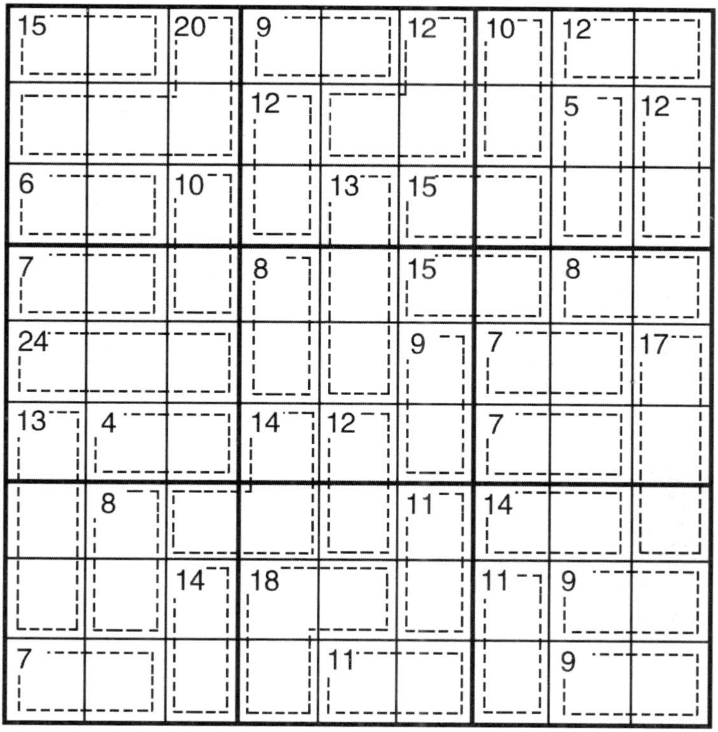

第 *106* 题

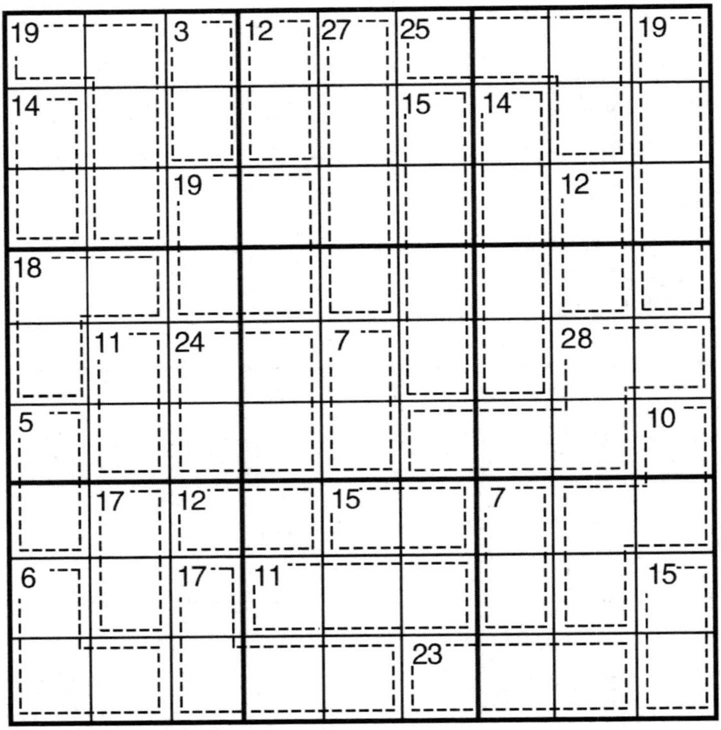

如果闯过了这关，你就是最棒的!

# 第 107 题

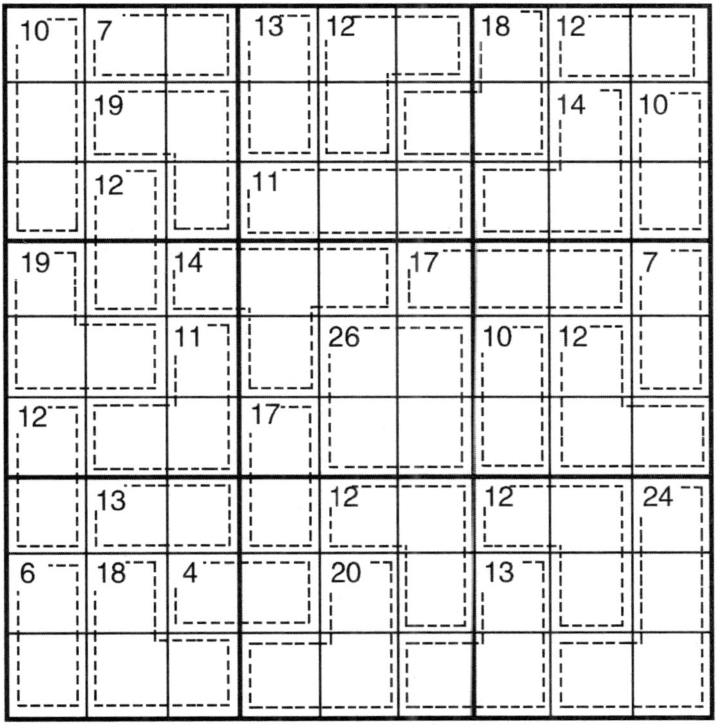

如果闯过了这关,你就是最棒的!

## 第 108 题

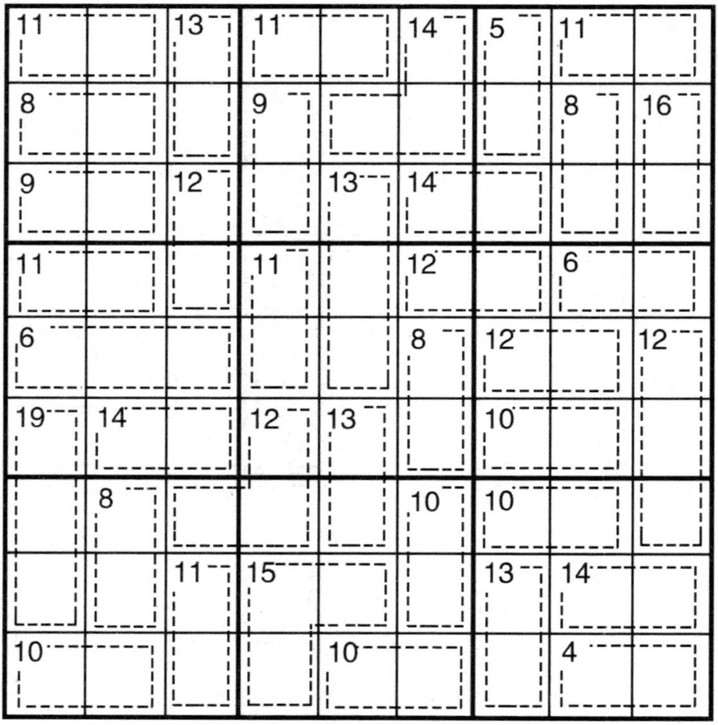

| 11 | 13 | 11 | 14 | 5 | 11 |
|---|---|---|---|---|---|
| 8 | | 9 | | 8 | 16 |
| 9 | 12 | 13 | 14 | | |
| 11 | 11 | 12 | 6 | | |
| 6 | | 8 | 12 | 12 | |
| 19 | 14 | 12 | 13 | 10 | |
| 8 | | 10 | 10 | | |
| | 11 | 15 | 13 | 14 | |
| 10 | | 10 | 4 | | |

如果闯过了这关,你就是最棒的!

# 第 109 题

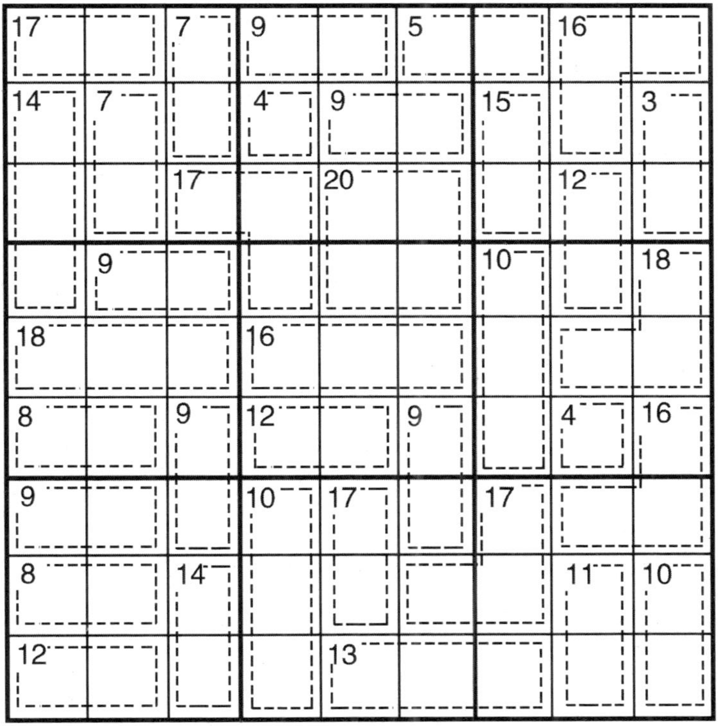

如果闯过了这关,你就是最棒的!

## 第 110 题

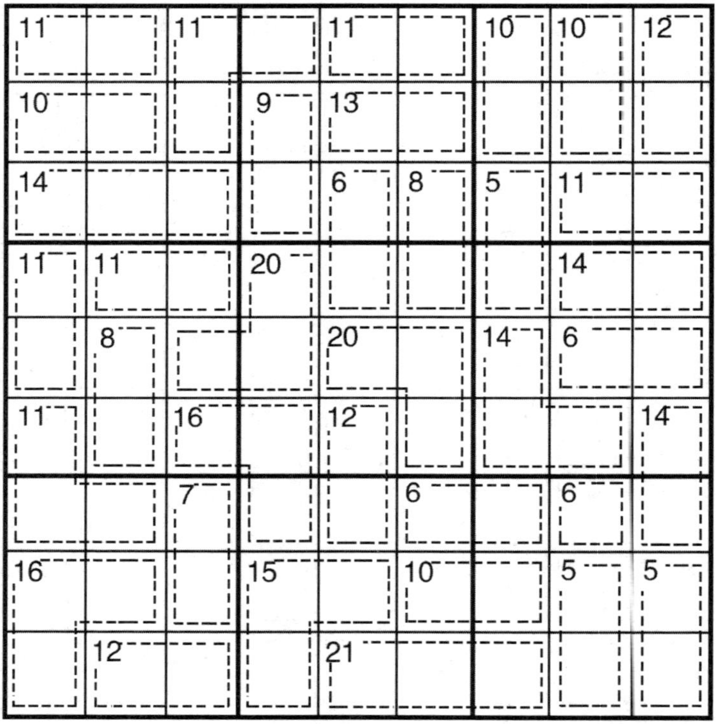

| 11 | | 11 | | 11 | | 10 | 10 | 12 |
|---|---|---|---|---|---|---|---|---|
| 10 | | | 9 | 13 | | | | |
| 14 | | | | 6 | 8 | 5 | 11 | |
| 11 | 11 | | 20 | | | | 14 | |
| | 8 | | | 20 | | 14 | 6 | |
| 11 | | 16 | | 12 | | | | 14 |
| | | 7 | | | 6 | | 6 | |
| 16 | | | 15 | | 10 | | 5 | 5 |
| | | 12 | | 21 | | | | |

如果闯过了这关，你就是最棒的

## 第 111 题

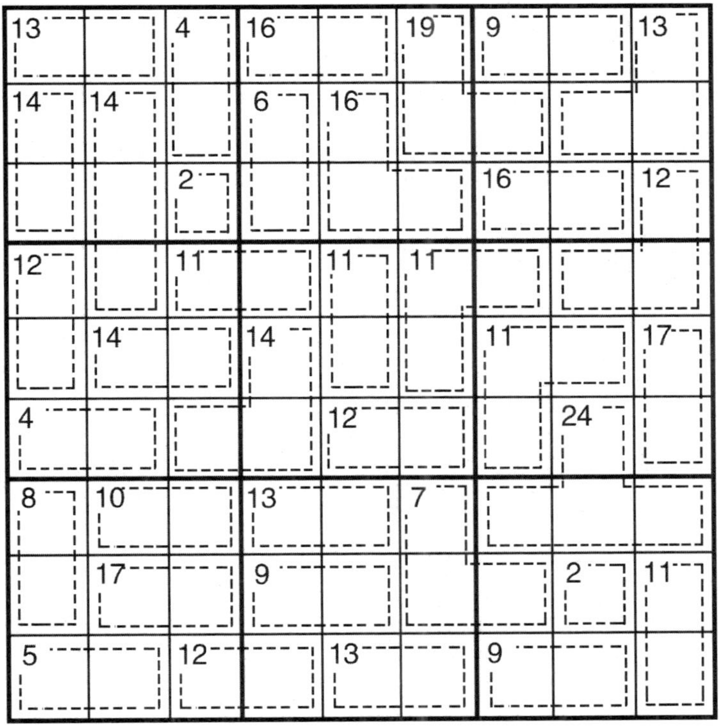

如果闯过了这关，你就是最棒的！

第 *112* 题

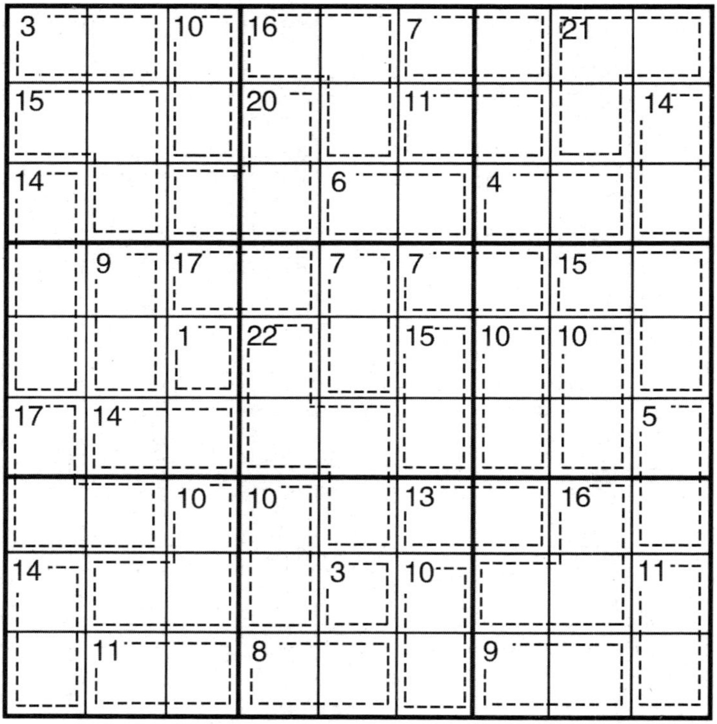

| 3 | | 10 | 16 | | 7 | | 21 | |
|---|---|---|---|---|---|---|---|---|
| 15 | | | 20 | | 11 | | | 14 |
| 14 | | | | 6 | | 4 | | |
| | 9 | 17 | | 7 | 7 | | 15 | |
| | | 1 | 22 | | 15 | 10 | 10 | |
| 17 | 14 | | | | | | | 5 |
| | | 10 | 10 | | 13 | | 16 | |
| 14 | | | | 3 | 10 | | | 11 |
| | 11 | | 8 | | | 9 | | |

如果闯过了这关,你就是最棒的!

# 第 113 题

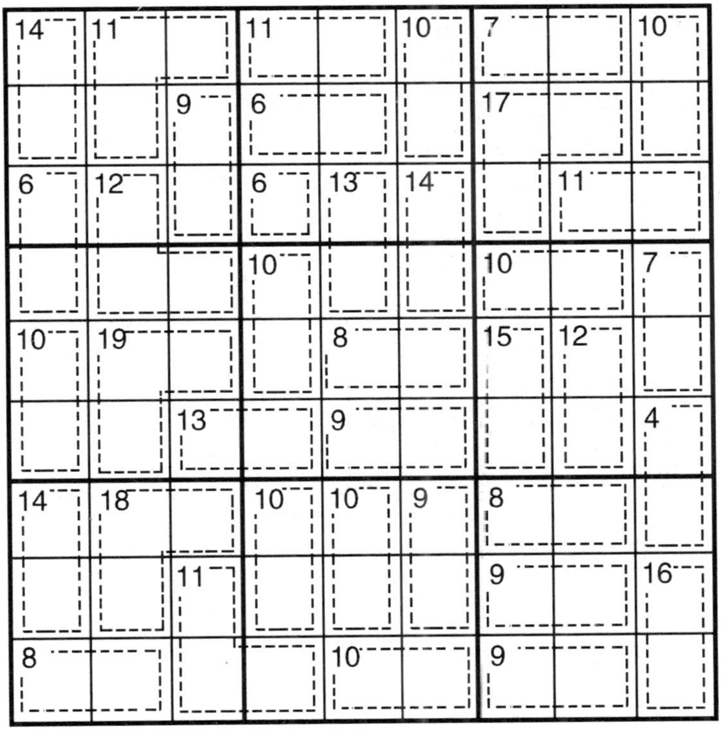

| 14 | 11 | | 11 | 10 | | 7 | | 10 |
|---|---|---|---|---|---|---|---|---|
| | | 9 | 6 | | | 17 | | |
| 6 | 12 | | 6 | 13 | 14 | | 11 | |
| | | | 10 | | | 10 | | 7 |
| 10 | 19 | | | 8 | | 15 | 12 | |
| | | 13 | | 9 | | | | 4 |
| 14 | 18 | | 10 | 10 | 9 | 8 | | |
| | | 11 | | | | | 9 | 16 |
| 8 | | | | 10 | | 9 | | |

如果闯过了这关，你就是最棒的！

QINGSHAONIAN XIHUAN DE SHUDU YOUXI

## 第 114 题

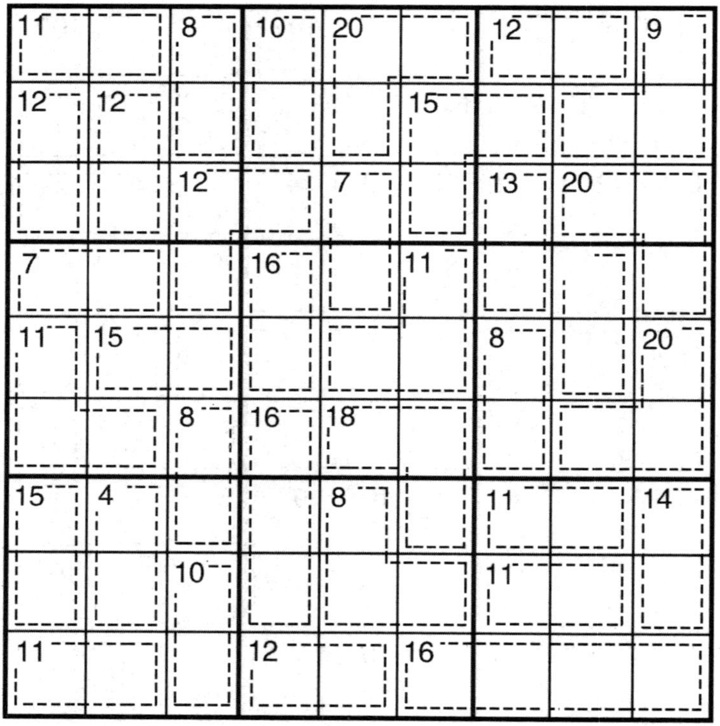

如果闯过了这关，你就是最棒的！

# 第 115 题

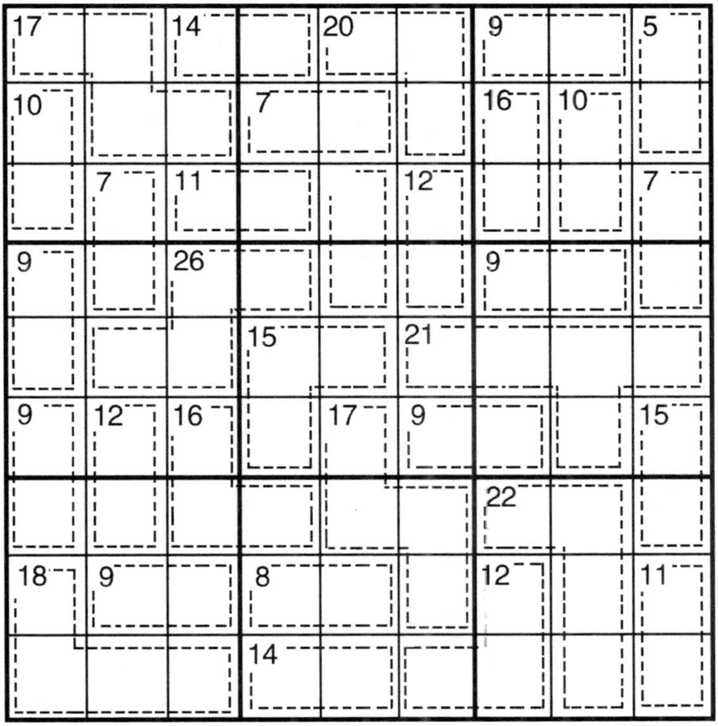

如果闯过了这关,你就是最棒的!

第 *116* 题

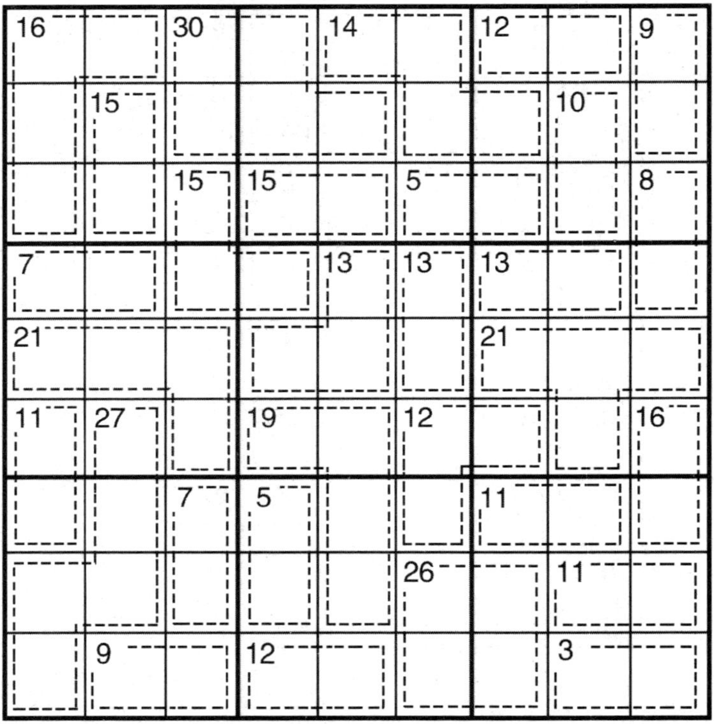

| 16 | | 30 | | 14 | | 12 | | 9 |
|---|---|---|---|---|---|---|---|---|
| | 15 | | | | | | 10 | |
| | | 15 | 15 | | 5 | | | 8 |
| 7 | | | | 13 | 13 | 13 | | |
| 21 | | | | | | 21 | | |
| 11 | 27 | | 19 | | 12 | | | 16 |
| | | 7 | 5 | | | 11 | | |
| | | | | | 26 | | 11 | |
| | 9 | | 12 | | | 3 | | |

如果闯过了这关，你就是最棒的。

## 第 117 题

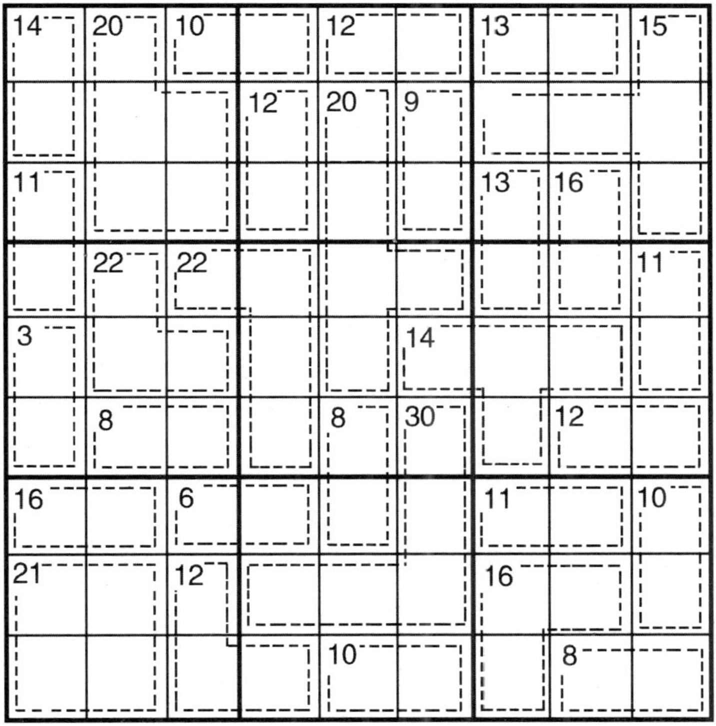

如果闯过了这关，你就是最棒的。

第 118 题

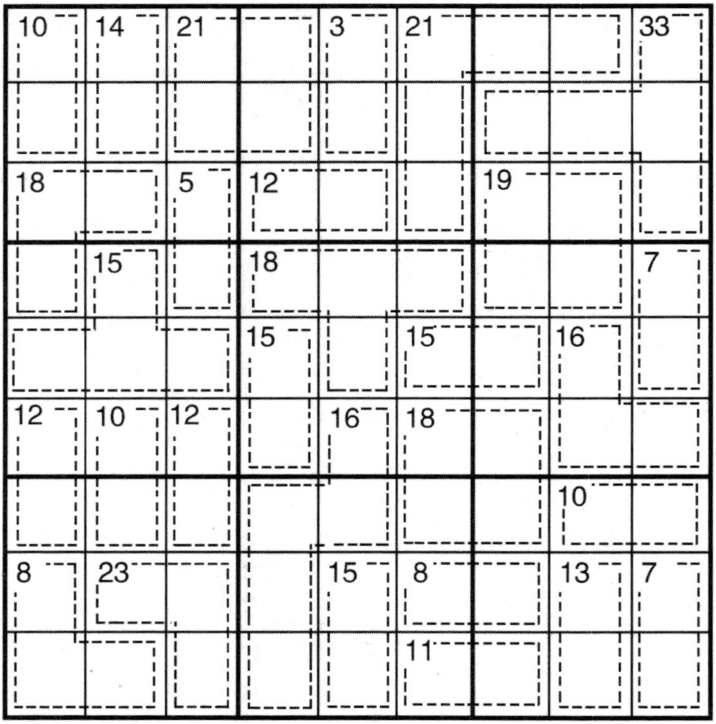

如果闯过了这关，你就是最棒的！

# 第 119 题

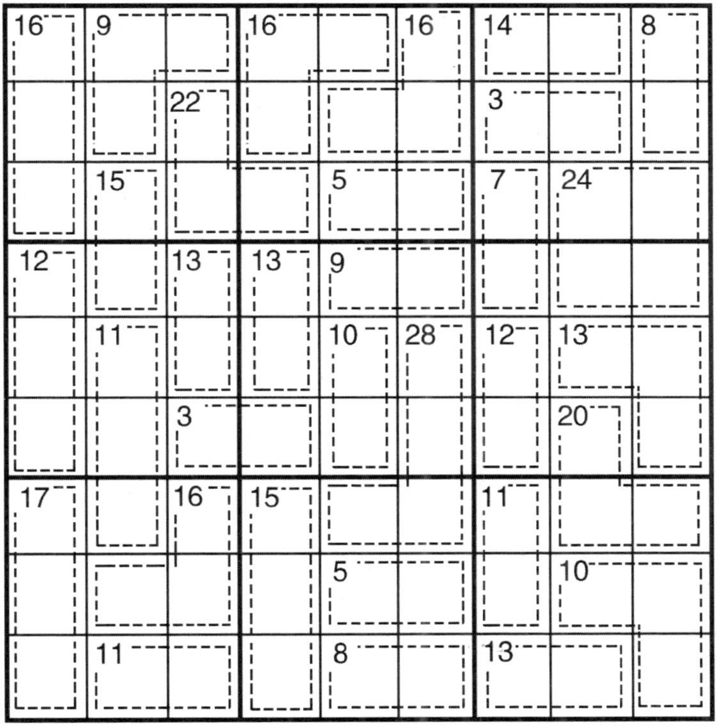

如果闯过了这关，你就是最棒的！

## 第 120 题

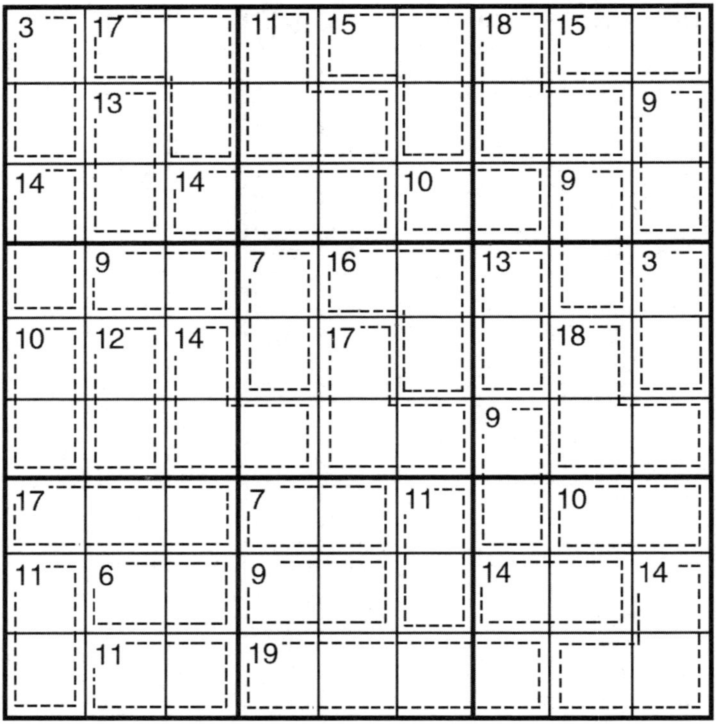

| 3 | 17 | | 11 | 15 | | 18 | 15 | |
| --- | --- | --- | --- | --- | --- | --- | --- | --- |
| | 13 | | | | | | | 9 |
| 14 | | 14 | | | 10 | | 9 | |
| | 9 | | 7 | 16 | | 13 | | 3 |
| 10 | 12 | 14 | | 17 | | | 18 | |
| | | | | | | 9 | | |
| 17 | | | 7 | | 11 | | 10 | |
| 11 | 6 | | 9 | | | 14 | | 14 |
| | 11 | | 19 | | | | | |

如果闯过了这关，你就是最棒的！

# 第 121 题

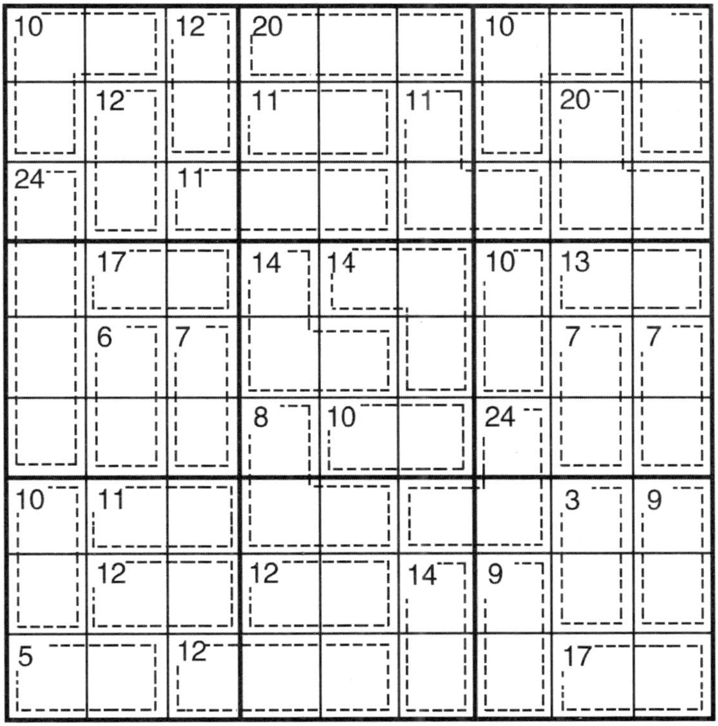

| 10 | | 12 | 20 | | | 10 | | |
|---|---|---|---|---|---|---|---|---|
| | 12 | | 11 | | 11 | | 20 | |
| 24 | | 11 | | | | | | |
| | 17 | | 14 | 14 | | 10 | 13 | |
| | 6 | 7 | | | | | 7 | 7 |
| | | | 8 | 10 | | 24 | | |
| 10 | 11 | | | | | | 3 | 9 |
| | 12 | | 12 | | 14 | 9 | | |
| 5 | | 12 | | | | | 17 | |

如果闯过了这关,你就是最棒的!

## 第 122 题

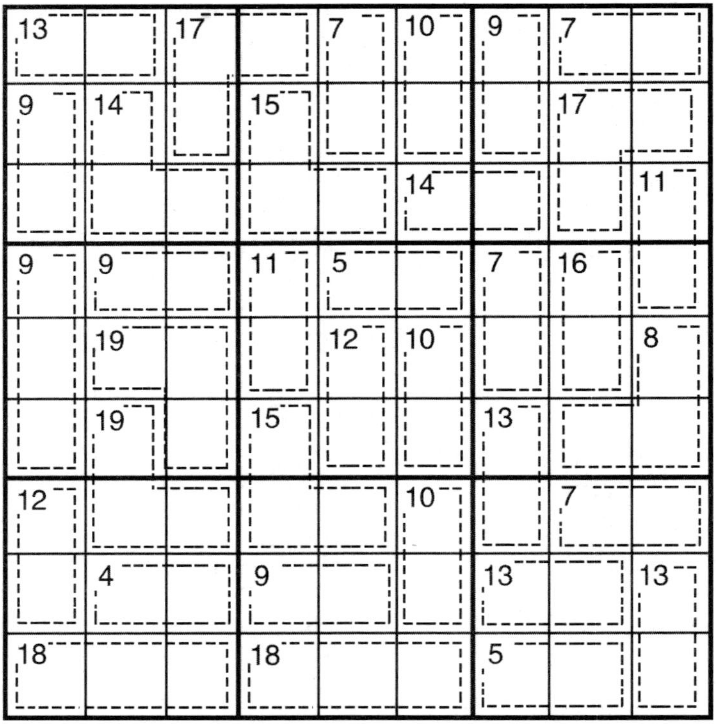

如果闯过了这关，你就是最棒的。

# 第 123 题

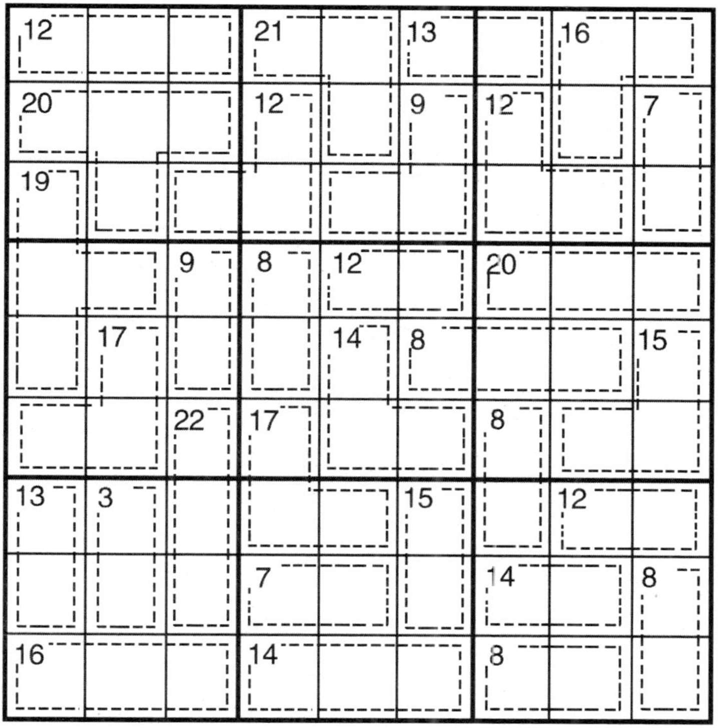

| 12 | | 21 | | 13 | | 16 | | |
|---|---|---|---|---|---|---|---|---|
| 20 | | 12 | | 9 | 12 | | 7 | |
| 19 | | | | | | | | |
| | | 9 | 8 | 12 | | 20 | | |
| | 17 | | | 14 | 8 | | 15 | |
| | | 22 | 17 | | | 8 | | |
| 13 | 3 | | | | 15 | | 12 | |
| | | | 7 | | | 14 | | 8 |
| 16 | | | 14 | | | 8 | | |

如果闯过了这关，你就是最棒的！

第 124 题

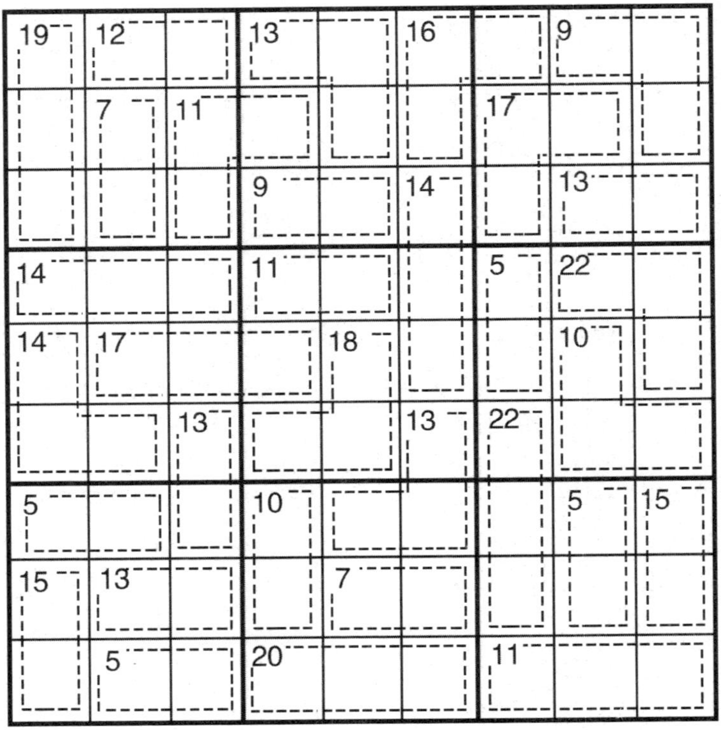

如果闯过了这关，你就是最棒的！

# 第 125 题

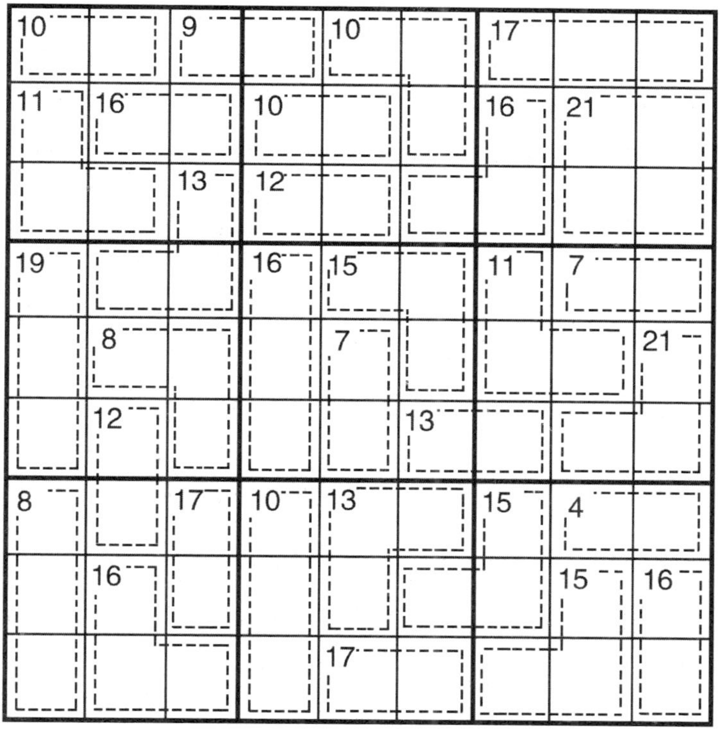

如果闯过了这关,你就是最棒的!

## 第 126 题

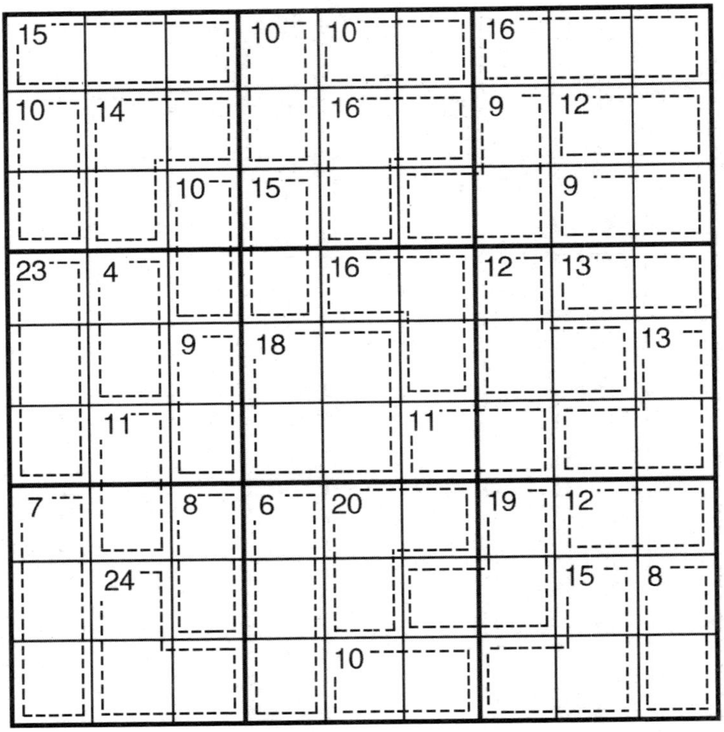

|  |  |  |  |  |  |  |  |  |
|---|---|---|---|---|---|---|---|---|
| 15 |  |  | 10 | 10 |  | 16 |  |  |
| 10 | 14 |  |  | 16 |  | 9 | 12 |  |
|  |  | 10 | 15 |  |  |  | 9 |  |
| 23 | 4 |  |  | 16 |  | 12 | 13 |  |
|  |  | 9 | 18 |  |  |  |  | 13 |
|  | 11 |  |  |  | 11 |  |  |  |
| 7 |  | 8 | 6 | 20 |  | 19 | 12 |  |
|  | 24 |  |  |  |  |  | 15 | 8 |
|  |  |  |  | 10 |  |  |  |  |

如果闯过了这关，你就是最棒的!

# 第 127 题

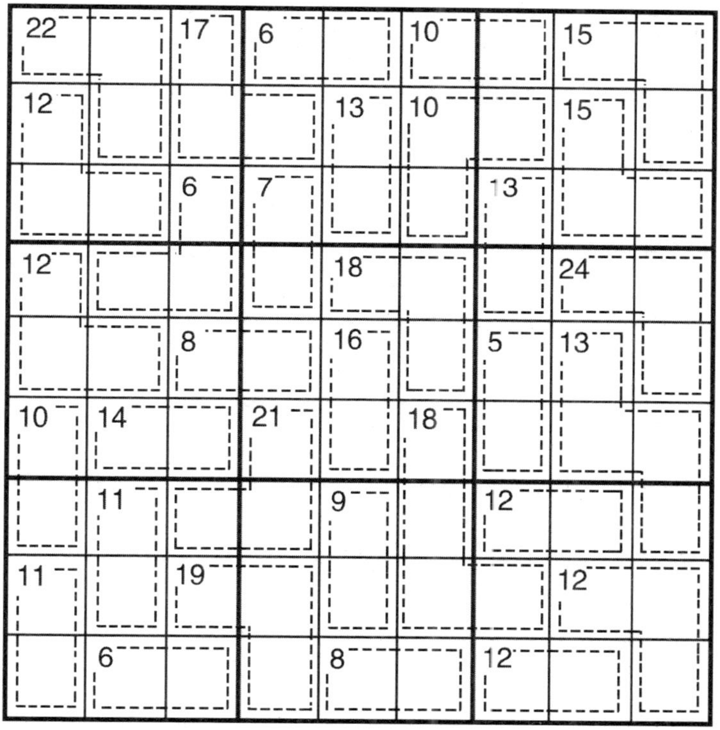

| 22 | | 17 | 6 | | 10 | | 15 | |
|---|---|---|---|---|---|---|---|---|
| 12 | | | | 13 | 10 | | 15 | |
| | | 6 | 7 | | | 13 | | |
| 12 | | | | 18 | | | 24 | |
| | | 8 | | 16 | | 5 | 13 | |
| 10 | 14 | | 21 | | 18 | | | |
| | 11 | | | 9 | | 12 | | |
| 11 | | 19 | | | | | 12 | |
| | 6 | | | 8 | | 12 | | |

如果闯过了这关,你就是最棒的!

# 第 128 题

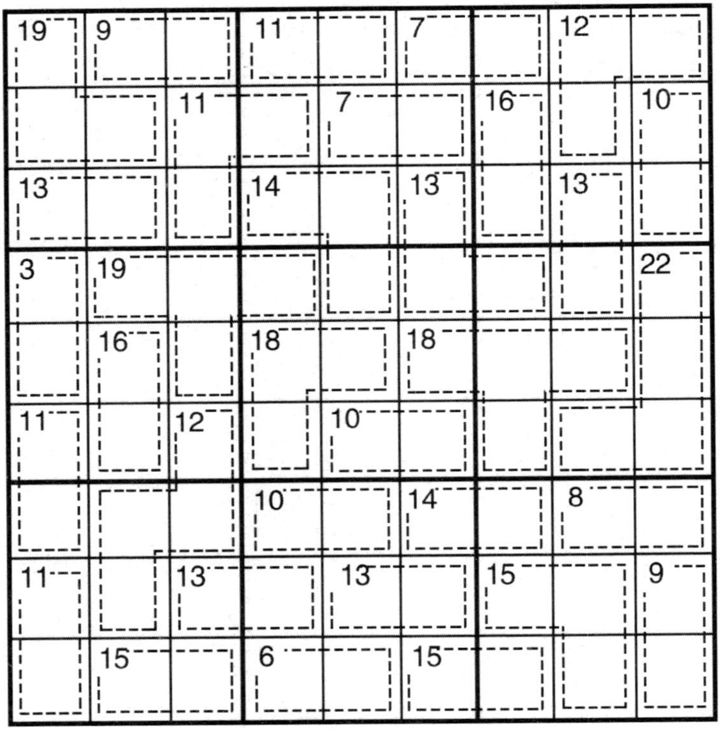

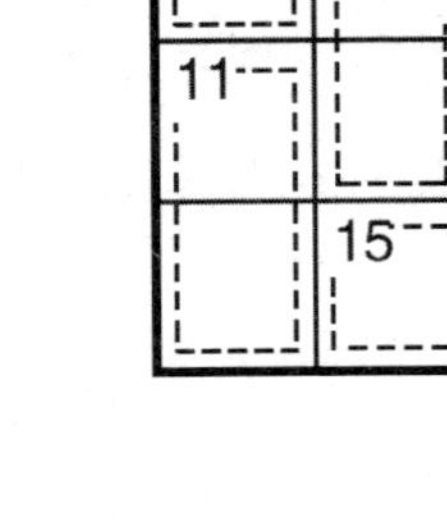

如果闯过了这关,你就是最棒的!

# 答　案

## 标准数独

1

| | | | | | | | | |
|---|---|---|---|---|---|---|---|---|
| 2 | 9 | 8 | 1 | 5 | 7 | 6 | 4 | 3 |
| 4 | 7 | 6 | 9 | 3 | 2 | 1 | 5 | 8 |
| 3 | 5 | 1 | 6 | 8 | 4 | 2 | 7 | 9 |
| 9 | 8 | 2 | 3 | 4 | 6 | 7 | 1 | 5 |
| 1 | 4 | 7 | 5 | 9 | 8 | 3 | 6 | 2 |
| 5 | 6 | 3 | 2 | 7 | 1 | 9 | 8 | 4 |
| 6 | 1 | 9 | 8 | 2 | 5 | 4 | 3 | 7 |
| 7 | 3 | 5 | 4 | 1 | 9 | 8 | 2 | 6 |
| 8 | 2 | 4 | 7 | 6 | 3 | 5 | 9 | 1 |

2

| | | | | | | | | |
|---|---|---|---|---|---|---|---|---|
| 1 | 6 | 9 | 4 | 3 | 7 | 5 | 8 | 2 |
| 4 | 3 | 2 | 6 | 5 | 8 | 7 | 9 | 1 |
| 7 | 8 | 5 | 1 | 9 | 2 | 6 | 4 | 3 |
| 6 | 1 | 7 | 9 | 8 | 5 | 2 | 3 | 4 |
| 2 | 4 | 8 | 3 | 7 | 1 | 9 | 5 | 6 |
| 5 | 9 | 3 | 2 | 6 | 4 | 8 | 1 | 7 |
| 8 | 5 | 4 | 7 | 1 | 6 | 3 | 2 | 9 |
| 3 | 2 | 6 | 8 | 4 | 9 | 1 | 7 | 5 |
| 9 | 7 | 1 | 5 | 2 | 3 | 4 | 6 | 8 |

3

| | | | | | | | | |
|---|---|---|---|---|---|---|---|---|
| 3 | 2 | 9 | 6 | 4 | 5 | 7 | 1 | 8 |
| 7 | 6 | 8 | 3 | 9 | 1 | 2 | 4 | 5 |
| 5 | 1 | 4 | 8 | 7 | 2 | 9 | 3 | 6 |
| 4 | 5 | 6 | 7 | 3 | 8 | 1 | 2 | 9 |
| 8 | 9 | 2 | 1 | 6 | 4 | 5 | 7 | 3 |
| 1 | 3 | 7 | 5 | 2 | 9 | 8 | 6 | 4 |
| 2 | 4 | 1 | 9 | 8 | 3 | 6 | 5 | 7 |
| 6 | 8 | 3 | 2 | 5 | 7 | 4 | 9 | 1 |
| 9 | 7 | 5 | 4 | 1 | 6 | 3 | 8 | 2 |

4

| | | | | | | | | |
|---|---|---|---|---|---|---|---|---|
| 1 | 2 | 8 | 5 | 9 | 4 | 6 | 3 | 7 |
| 5 | 6 | 7 | 3 | 2 | 1 | 8 | 9 | 4 |
| 3 | 9 | 4 | 6 | 7 | 8 | 1 | 2 | 5 |
| 2 | 5 | 1 | 8 | 3 | 6 | 4 | 7 | 9 |
| 4 | 7 | 6 | 2 | 1 | 9 | 5 | 8 | 3 |
| 9 | 8 | 3 | 4 | 5 | 7 | 2 | 1 | 6 |
| 6 | 4 | 9 | 1 | 8 | 3 | 7 | 5 | 2 |
| 7 | 1 | 2 | 9 | 6 | 5 | 3 | 4 | 8 |
| 8 | 3 | 5 | 7 | 4 | 2 | 9 | 6 | 1 |

5

| | | | | | | | | |
|---|---|---|---|---|---|---|---|---|
| 6 | 8 | 2 | 3 | 9 | 5 | 7 | 4 | 1 |
| 3 | 9 | 4 | 2 | 1 | 7 | 6 | 5 | 8 |
| 5 | 7 | 1 | 6 | 4 | 8 | 9 | 3 | 2 |
| 2 | 4 | 5 | 7 | 8 | 1 | 3 | 9 | 6 |
| 9 | 1 | 3 | 4 | 5 | 6 | 8 | 2 | 7 |
| 8 | 6 | 7 | 9 | 2 | 3 | 4 | 1 | 5 |
| 7 | 5 | 9 | 1 | 6 | 4 | 2 | 8 | 3 |
| 1 | 2 | 6 | 8 | 3 | 9 | 5 | 7 | 4 |
| 4 | 3 | 8 | 5 | 7 | 2 | 1 | 6 | 9 |

6

| | | | | | | | | |
|---|---|---|---|---|---|---|---|---|
| 9 | 7 | 2 | 5 | 3 | 8 | 1 | 6 | 4 |
| 3 | 5 | 4 | 6 | 7 | 1 | 8 | 9 | 2 |
| 8 | 6 | 1 | 2 | 9 | 4 | 5 | 6 | 7 |
| 4 | 3 | 7 | 9 | 6 | 5 | 2 | 1 | 8 |
| 2 | 1 | 5 | 7 | 8 | 3 | 6 | 4 | 9 |
| 6 | 9 | 8 | 1 | 4 | 2 | 7 | 5 | 3 |
| 1 | 4 | 3 | 8 | 2 | 6 | 9 | 7 | 5 |
| 7 | 8 | 6 | 3 | 5 | 9 | 4 | 2 | 1 |
| 5 | 2 | 9 | 4 | 1 | 7 | 3 | 8 | 6 |

**7**

| 2 | 4 | 9 | 1 | 7 | 8 | 5 | 3 | 6 |
| 8 | 7 | 6 | 9 | 3 | 5 | 1 | 4 | 2 |
| 5 | 3 | 1 | 2 | 4 | 6 | 8 | 7 | 9 |
| 6 | 2 | 5 | 3 | 8 | 4 | 9 | 1 | 7 |
| 3 | 9 | 7 | 5 | 2 | 1 | 6 | 8 | 4 |
| 1 | 8 | 4 | 7 | 6 | 9 | 2 | 5 | 3 |
| 4 | 1 | 2 | 6 | 5 | 7 | 3 | 9 | 8 |
| 7 | 5 | 3 | 8 | 9 | 2 | 4 | 6 | 1 |
| 9 | 6 | 8 | 4 | 1 | 3 | 7 | 2 | 5 |

**8**

| 3 | 4 | 2 | 6 | 1 | 7 | 5 | 9 | 8 |
| 5 | 6 | 9 | 2 | 4 | 8 | 1 | 7 | 3 |
| 7 | 8 | 1 | 9 | 3 | 5 | 6 | 4 | 2 |
| 1 | 9 | 3 | 4 | 8 | 6 | 2 | 5 | 7 |
| 6 | 2 | 8 | 5 | 7 | 9 | 3 | 1 | 4 |
| 4 | 5 | 7 | 1 | 2 | 3 | 8 | 6 | 9 |
| 9 | 3 | 6 | 8 | 5 | 4 | 7 | 2 | 1 |
| 2 | 7 | 4 | 3 | 6 | 1 | 9 | 8 | 5 |
| 8 | 4 | 5 | 7 | 9 | 2 | 4 | 3 | 6 |

**9**

| 3 | 8 | 7 | 4 | 1 | 5 | 2 | 9 | 6 |
| 5 | 6 | 9 | 7 | 2 | 8 | 3 | 4 | 1 |
| 4 | 1 | 2 | 3 | 9 | 6 | 5 | 8 | 7 |
| 8 | 7 | 5 | 6 | 4 | 9 | 1 | 3 | 2 |
| 2 | 3 | 6 | 1 | 8 | 7 | 4 | 5 | 9 |
| 9 | 4 | 1 | 2 | 5 | 3 | 7 | 6 | 8 |
| 6 | 2 | 8 | 5 | 7 | 4 | 9 | 1 | 3 |
| 7 | 5 | 3 | 9 | 6 | 1 | 8 | 2 | 4 |
| 1 | 9 | 4 | 8 | 3 | 2 | 6 | 7 | 5 |

**10**

| 1 | 3 | 7 | 9 | 4 | 5 | 8 | 6 | 2 |
| 4 | 8 | 6 | 1 | 7 | 2 | 3 | 5 | 9 |
| 5 | 9 | 2 | 6 | 3 | 8 | 4 | 1 | 7 |
| 3 | 4 | 5 | 7 | 8 | 6 | 9 | 2 | 1 |
| 6 | 1 | 8 | 3 | 2 | 9 | 7 | 4 | 5 |
| 2 | 7 | 9 | 4 | 5 | 1 | 6 | 8 | 3 |
| 8 | 6 | 1 | 2 | 9 | 3 | 5 | 7 | 4 |
| 7 | 5 | 3 | 8 | 1 | 4 | 2 | 9 | 3 |
| 9 | 2 | 4 | 5 | 6 | 7 | 1 | 3 | 8 |

**11**

| 7 | 3 | 2 | 9 | 4 | 6 | 1 | 5 | 8 |
| 8 | 1 | 6 | 2 | 7 | 5 | 4 | 3 | 9 |
| 5 | 9 | 4 | 3 | 1 | 8 | 7 | 6 | 2 |
| 4 | 2 | 9 | 8 | 3 | 1 | 6 | 7 | 5 |
| 1 | 7 | 8 | 6 | 5 | 4 | 2 | 9 | 3 |
| 6 | 5 | 3 | 7 | 2 | 9 | 8 | 1 | 4 |
| 9 | 6 | 7 | 4 | 8 | 3 | 5 | 2 | 1 |
| 2 | 8 | 5 | 1 | 9 | 7 | 3 | 4 | 6 |
| 3 | 4 | 1 | 5 | 6 | 2 | 9 | 8 | 7 |

**12**

| 5 | 7 | 2 | 6 | 3 | 4 | 1 | 8 | 9 |
| 6 | 4 | 1 | 9 | 8 | 5 | 7 | 2 | 3 |
| 9 | 8 | 3 | 2 | 7 | 1 | 5 | 6 | 4 |
| 2 | 3 | 8 | 4 | 5 | 9 | 6 | 7 | 1 |
| 7 | 1 | 5 | 3 | 2 | 6 | 4 | 9 | 8 |
| 4 | 9 | 6 | 7 | 1 | 8 | 3 | 5 | 2 |
| 8 | 6 | 4 | 5 | 9 | 3 | 2 | 1 | 7 |
| 3 | 2 | 9 | 1 | 6 | 7 | 8 | 4 | 5 |
| 1 | 5 | 7 | 8 | 4 | 3 | 9 | 3 | 6 |

## 13

| 4 | 8 | 2 | 7 | 6 | 3 | 9 | 5 | 1 |
|---|---|---|---|---|---|---|---|---|
| 7 | 9 | 6 | 8 | 1 | 5 | 4 | 3 | 2 |
| 5 | 1 | 3 | 4 | 2 | 9 | 7 | 6 | 8 |
| 3 | 6 | 5 | 9 | 7 | 2 | 8 | 1 | 4 |
| 8 | 4 | 7 | 3 | 5 | 1 | 6 | 2 | 9 |
| 1 | 2 | 9 | 6 | 8 | 4 | 3 | 7 | 5 |
| 9 | 7 | 1 | 2 | 3 | 8 | 5 | 4 | 6 |
| 6 | 5 | 4 | 1 | 9 | 7 | 2 | 8 | 3 |
| 2 | 3 | 8 | 5 | 4 | 6 | 1 | 9 | 7 |

## 14

| 9 | 6 | 1 | 7 | 5 | 8 | 4 | 2 | 3 |
|---|---|---|---|---|---|---|---|---|
| 7 | 2 | 5 | 4 | 3 | 9 | 6 | 1 | 8 |
| 3 | 4 | 8 | 2 | 1 | 6 | 9 | 5 | 7 |
| 4 | 7 | 6 | 1 | 8 | 2 | 3 | 9 | 5 |
| 8 | 1 | 3 | 5 | 9 | 7 | 2 | 4 | 6 |
| 2 | 5 | 9 | 3 | 6 | 4 | 7 | 8 | 1 |
| 6 | 3 | 2 | 8 | 4 | 1 | 5 | 7 | 9 |
| 1 | 9 | 7 | 6 | 2 | 5 | 8 | 3 | 4 |
| 5 | 8 | 4 | 9 | 7 | 3 | 1 | 6 | 2 |

## 15

| 4 | 2 | 1 | 3 | 9 | 8 | 5 | 6 | 7 |
|---|---|---|---|---|---|---|---|---|
| 8 | 3 | 7 | 6 | 4 | 5 | 1 | 9 | 2 |
| 5 | 6 | 9 | 1 | 7 | 2 | 3 | 8 | 4 |
| 6 | 1 | 8 | 7 | 3 | 4 | 2 | 5 | 9 |
| 2 | 9 | 4 | 5 | 8 | 1 | 6 | 7 | 3 |
| 3 | 7 | 5 | 9 | 2 | 6 | 4 | 1 | 8 |
| 9 | 5 | 3 | 4 | 6 | 7 | 8 | 2 | 1 |
| 7 | 8 | 6 | 2 | 1 | 3 | 9 | 4 | 5 |
| 1 | 4 | 2 | 8 | 5 | 9 | 7 | 3 | 6 |

## 16

| 6 | 2 | 3 | 9 | 8 | 4 | 1 | 5 | 7 |
|---|---|---|---|---|---|---|---|---|
| 5 | 7 | 8 | 2 | 1 | 3 | 6 | 4 | 9 |
| 4 | 9 | 1 | 7 | 5 | 6 | 2 | 8 | 3 |
| 2 | 3 | 6 | 8 | 7 | 9 | 4 | 1 | 5 |
| 1 | 4 | 9 | 6 | 2 | 5 | 3 | 7 | 8 |
| 8 | 5 | 7 | 3 | 4 | 1 | 9 | 6 | 2 |
| 3 | 6 | 4 | 5 | 9 | 8 | 7 | 2 | 1 |
| 9 | 8 | 2 | 1 | 6 | 7 | 5 | 3 | 4 |
| 7 | 1 | 5 | 4 | 3 | 2 | 8 | 9 | 6 |

## 17

| 1 | 6 | 7 | 5 | 3 | 9 | 2 | 8 | 4 |
|---|---|---|---|---|---|---|---|---|
| 5 | 9 | 3 | 4 | 8 | 2 | 1 | 7 | 6 |
| 4 | 8 | 2 | 7 | 1 | 6 | 5 | 9 | 3 |
| 3 | 1 | 5 | 9 | 7 | 8 | 4 | 6 | 2 |
| 8 | 2 | 4 | 1 | 6 | 5 | 9 | 3 | 7 |
| 9 | 7 | 6 | 3 | 2 | 4 | 8 | 1 | 5 |
| 7 | 4 | 9 | 8 | 5 | 3 | 6 | 2 | 1 |
| 6 | 5 | 1 | 2 | 9 | 7 | 6 | 4 | 8 |
| 2 | 3 | 8 | 6 | 4 | 1 | 7 | 5 | 9 |

## 18

| 5 | 6 | 3 | 9 | 1 | 4 | 2 | 8 | 7 |
|---|---|---|---|---|---|---|---|---|
| 1 | 9 | 4 | 7 | 2 | 8 | 6 | 3 | 5 |
| 2 | 8 | 7 | 5 | 6 | 3 | 1 | 4 | 9 |
| 8 | 7 | 9 | 1 | 3 | 6 | 5 | 2 | 4 |
| 3 | 1 | 2 | 4 | 5 | 9 | 7 | 6 | 8 |
| 4 | 5 | 6 | 8 | 7 | 2 | 3 | 9 | 1 |
| 9 | 3 | 1 | 2 | 8 | 7 | 4 | 5 | 6 |
| 7 | 2 | 8 | 6 | 4 | 5 | 9 | 1 | 3 |
| 6 | 4 | 5 | 3 | 9 | 1 | 8 | 7 | 2 |

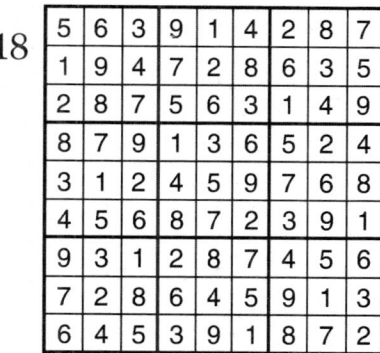

### 19

| 2 | 3 | 9 | 8 | 7 | 1 | 6 | 4 | 5 |
|---|---|---|---|---|---|---|---|---|
| 1 | 4 | 5 | 9 | 3 | 6 | 7 | 8 | 2 |
| 8 | 7 | 6 | 2 | 4 | 5 | 1 | 9 | 3 |
| 7 | 1 | 4 | 6 | 8 | 2 | 3 | 5 | 9 |
| 3 | 5 | 2 | 1 | 9 | 4 | 8 | 7 | 6 |
| 9 | 6 | 8 | 7 | 5 | 3 | 4 | 2 | 1 |
| 6 | 9 | 1 | 4 | 2 | 8 | 5 | 3 | 7 |
| 5 | 8 | 7 | 3 | 1 | 9 | 2 | 6 | 4 |
| 4 | 2 | 3 | 5 | 6 | 7 | 9 | 1 | 8 |

### 20

| 5 | 4 | 9 | 1 | 2 | 6 | 8 | 3 | 7 |
|---|---|---|---|---|---|---|---|---|
| 7 | 8 | 1 | 5 | 9 | 3 | 6 | 2 | 4 |
| 6 | 2 | 3 | 8 | 7 | 4 | 9 | 5 | 1 |
| 2 | 3 | 6 | 4 | 5 | 8 | 7 | 1 | 9 |
| 9 | 5 | 4 | 7 | 1 | 2 | 3 | 6 | 8 |
| 8 | 1 | 7 | 3 | 6 | 9 | 2 | 4 | 5 |
| 1 | 6 | 2 | 9 | 8 | 5 | 4 | 7 | 3 |
| 3 | 7 | 8 | 6 | 4 | 1 | 5 | 9 | 2 |
| 4 | 9 | 5 | 2 | 3 | 7 | 1 | 8 | 6 |

### 21

| 6 | 4 | 1 | 2 | 8 | 9 | 7 | 3 | 5 |
|---|---|---|---|---|---|---|---|---|
| 9 | 3 | 7 | 1 | 5 | 4 | 8 | 6 | 2 |
| 5 | 2 | 8 | 6 | 7 | 3 | 4 | 1 | 9 |
| 8 | 7 | 6 | 4 | 9 | 5 | 3 | 2 | 1 |
| 3 | 1 | 9 | 7 | 2 | 8 | 6 | 5 | 4 |
| 4 | 5 | 2 | 3 | 1 | 6 | 9 | 8 | 7 |
| 1 | 8 | 3 | 5 | 4 | 7 | 2 | 9 | 6 |
| 7 | 6 | 5 | 9 | 3 | 2 | 1 | 4 | 8 |
| 2 | 9 | 4 | 8 | 6 | 1 | 5 | 7 | 3 |

### 22

| 4 | 6 | 9 | 1 | 2 | 3 | 5 | 8 | 7 |
|---|---|---|---|---|---|---|---|---|
| 1 | 5 | 2 | 8 | 9 | 7 | 4 | 3 | 6 |
| 8 | 7 | 3 | 6 | 4 | 5 | 1 | 9 | 2 |
| 9 | 2 | 5 | 4 | 7 | 8 | 6 | 1 | 3 |
| 6 | 8 | 1 | 3 | 5 | 2 | 9 | 7 | 4 |
| 3 | 4 | 7 | 9 | 1 | 6 | 2 | 5 | 8 |
| 2 | 9 | 8 | 5 | 3 | 4 | 7 | 6 | 1 |
| 5 | 3 | 4 | 7 | 6 | 1 | 8 | 2 | 9 |
| 7 | 1 | 6 | 2 | 8 | 9 | 3 | 4 | 5 |

### 23

| 4 | 6 | 1 | 2 | 5 | 7 | 8 | 3 | 9 |
|---|---|---|---|---|---|---|---|---|
| 7 | 9 | 3 | 4 | 8 | 6 | 5 | 1 | 2 |
| 5 | 8 | 2 | 9 | 1 | 3 | 4 | 6 | 7 |
| 2 | 1 | 6 | 5 | 7 | 8 | 9 | 4 | 3 |
| 3 | 4 | 7 | 6 | 2 | 9 | 1 | 8 | 5 |
| 9 | 5 | 8 | 3 | 4 | 1 | 2 | 7 | 6 |
| 1 | 3 | 9 | 8 | 6 | 2 | 7 | 5 | 4 |
| 6 | 7 | 5 | 1 | 9 | 4 | 3 | 2 | 8 |
| 8 | 2 | 4 | 7 | 3 | 5 | 6 | 9 | 1 |

### 24

| 4 | 2 | 3 | 9 | 7 | 5 | 1 | 8 | 6 |
|---|---|---|---|---|---|---|---|---|
| 1 | 5 | 8 | 4 | 3 | 6 | 9 | 2 | 7 |
| 6 | 9 | 7 | 1 | 8 | 2 | 5 | 4 | 3 |
| 2 | 7 | 6 | 3 | 9 | 4 | 8 | 5 | 1 |
| 8 | 3 | 9 | 5 | 2 | 1 | 6 | 7 | 4 |
| 5 | 1 | 4 | 8 | 6 | 7 | 2 | 3 | 9 |
| 7 | 8 | 1 | 6 | 5 | 3 | 4 | 9 | 2 |
| 9 | 6 | 2 | 7 | 4 | 8 | 3 | 1 | 5 |
| 3 | 4 | 5 | 2 | 1 | 9 | 7 | 6 | 8 |

答案

**25**

| 9 | 4 | 8 | 1 | 5 | 6 | 7 | 2 | 3 |
|---|---|---|---|---|---|---|---|---|
| 5 | 2 | 3 | 4 | 9 | 7 | 1 | 8 | 6 |
| 1 | 6 | 7 | 2 | 3 | 8 | 4 | 9 | 5 |
| 8 | 1 | 6 | 9 | 2 | 3 | 5 | 4 | 7 |
| 3 | 9 | 2 | 5 | 7 | 4 | 8 | 6 | 1 |
| 7 | 5 | 4 | 6 | 8 | 1 | 2 | 3 | 9 |
| 4 | 8 | 9 | 7 | 6 | 5 | 3 | 1 | 2 |
| 2 | 7 | 1 | 3 | 4 | 9 | 6 | 5 | 8 |
| 6 | 3 | 5 | 8 | 1 | 2 | 9 | 7 | 4 |

**26**

| 1 | 2 | 7 | 6 | 3 | 5 | 4 | 9 | 8 |
|---|---|---|---|---|---|---|---|---|
| 3 | 4 | 8 | 1 | 9 | 7 | 2 | 5 | 6 |
| 6 | 9 | 5 | 8 | 4 | 2 | 7 | 1 | 3 |
| 2 | 5 | 9 | 3 | 1 | 4 | 8 | 6 | 7 |
| 4 | 7 | 6 | 9 | 5 | 8 | 1 | 3 | 2 |
| 8 | 3 | 1 | 7 | 2 | 6 | 9 | 4 | 5 |
| 9 | 8 | 4 | 2 | 6 | 3 | 5 | 7 | 1 |
| 5 | 6 | 2 | 4 | 7 | 1 | 3 | 8 | 9 |
| 7 | 1 | 3 | 5 | 8 | 9 | 6 | 2 | 4 |

**27**

| 7 | 9 | 6 | 3 | 4 | 1 | 5 | 8 | 2 |
|---|---|---|---|---|---|---|---|---|
| 3 | 5 | 2 | 7 | 9 | 8 | 4 | 1 | 6 |
| 8 | 1 | 4 | 5 | 2 | 6 | 7 | 3 | 9 |
| 9 | 4 | 7 | 8 | 6 | 3 | 2 | 5 | 1 |
| 2 | 8 | 5 | 1 | 7 | 4 | 9 | 6 | 3 |
| 1 | 6 | 3 | 9 | 5 | 2 | 8 | 7 | 4 |
| 4 | 3 | 1 | 2 | 8 | 5 | 6 | 9 | 7 |
| 6 | 7 | 8 | 4 | 3 | 9 | 1 | 2 | 5 |
| 5 | 2 | 9 | 6 | 1 | 7 | 3 | 4 | 8 |

**28**

| 4 | 8 | 2 | 1 | 5 | 7 | 9 | 6 | 3 |
|---|---|---|---|---|---|---|---|---|
| 9 | 7 | 1 | 4 | 3 | 6 | 8 | 5 | 2 |
| 5 | 6 | 3 | 8 | 9 | 2 | 7 | 4 | 1 |
| 7 | 2 | 9 | 3 | 6 | 4 | 1 | 8 | 5 |
| 1 | 4 | 6 | 7 | 8 | 5 | 3 | 2 | 9 |
| 3 | 5 | 8 | 9 | 2 | 1 | 4 | 7 | 6 |
| 6 | 9 | 7 | 5 | 1 | 8 | 2 | 3 | 4 |
| 8 | 1 | 5 | 2 | 4 | 3 | 6 | 9 | 7 |
| 2 | 3 | 4 | 6 | 7 | 9 | 5 | 1 | 8 |

**29**

| 5 | 3 | 2 | 7 | 1 | 6 | 9 | 8 | 4 |
|---|---|---|---|---|---|---|---|---|
| 9 | 4 | 1 | 2 | 3 | 8 | 7 | 6 | 5 |
| 7 | 6 | 8 | 4 | 5 | 9 | 2 | 3 | 1 |
| 8 | 5 | 6 | 3 | 7 | 1 | 4 | 2 | 9 |
| 2 | 9 | 7 | 6 | 4 | 5 | 8 | 1 | 3 |
| 3 | 1 | 4 | 8 | 9 | 2 | 5 | 7 | 6 |
| 6 | 7 | 5 | 1 | 8 | 4 | 3 | 9 | 2 |
| 1 | 8 | 9 | 5 | 2 | 3 | 6 | 4 | 7 |
| 4 | 2 | 3 | 9 | 6 | 7 | 1 | 5 | 8 |

**30**

| 4 | 7 | 3 | 2 | 9 | 8 | 6 | 1 | 5 |
|---|---|---|---|---|---|---|---|---|
| 6 | 1 | 2 | 4 | 5 | 7 | 8 | 3 | 9 |
| 9 | 8 | 5 | 1 | 6 | 3 | 4 | 2 | 7 |
| 2 | 6 | 8 | 5 | 1 | 4 | 9 | 7 | 3 |
| 5 | 9 | 1 | 3 | 7 | 6 | 2 | 4 | 8 |
| 3 | 4 | 7 | 9 | 8 | 2 | 1 | 5 | 6 |
| 7 | 2 | 4 | 6 | 3 | 9 | 5 | 8 | 1 |
| 8 | 5 | 6 | 7 | 4 | 1 | 3 | 9 | 2 |
| 1 | 3 | 9 | 8 | 2 | 5 | 7 | 6 | 4 |

31

| | | | | | | | | |
|---|---|---|---|---|---|---|---|---|
| 4 | 1 | 2 | 3 | 8 | 6 | 5 | 9 | 7 |
| 7 | 5 | 6 | 4 | 9 | 1 | 8 | 3 | 2 |
| 3 | 9 | 8 | 7 | 5 | 2 | 1 | 6 | 4 |
| 5 | 7 | 4 | 6 | 1 | 9 | 3 | 2 | 8 |
| 2 | 6 | 9 | 8 | 3 | 5 | 7 | 4 | 1 |
| 8 | 3 | 1 | 2 | 7 | 4 | 6 | 5 | 9 |
| 1 | 4 | 7 | 9 | 6 | 3 | 2 | 8 | 5 |
| 9 | 8 | 3 | 5 | 2 | 7 | 4 | 1 | 6 |
| 6 | 2 | 8 | 1 | 4 | 8 | 9 | 7 | 3 |

32

| | | | | | | | | |
|---|---|---|---|---|---|---|---|---|
| 2 | 9 | 4 | 3 | 7 | 5 | 8 | 1 | 6 |
| 7 | 8 | 6 | 2 | 1 | 4 | 3 | 5 | 9 |
| 1 | 5 | 3 | 6 | 9 | 8 | 7 | 2 | 4 |
| 6 | 4 | 8 | 1 | 5 | 7 | 9 | 3 | 2 |
| 5 | 3 | 2 | 9 | 4 | 6 | 1 | 7 | 8 |
| 9 | 7 | 1 | 8 | 3 | 2 | 4 | 6 | 5 |
| 3 | 1 | 5 | 4 | 2 | 9 | 6 | 8 | 7 |
| 8 | 2 | 9 | 7 | 6 | 1 | 5 | 4 | 3 |
| 4 | 6 | 7 | 5 | 8 | 3 | 2 | 9 | 1 |

33

| | | | | | | | | |
|---|---|---|---|---|---|---|---|---|
| 9 | 4 | 7 | 1 | 8 | 3 | 6 | 2 | 5 |
| 2 | 6 | 8 | 9 | 4 | 5 | 3 | 1 | 7 |
| 3 | 5 | 1 | 6 | 2 | 7 | 8 | 4 | 9 |
| 6 | 7 | 5 | 4 | 1 | 9 | 2 | 8 | 3 |
| 4 | 1 | 3 | 8 | 5 | 2 | 7 | 9 | 6 |
| 8 | 2 | 9 | 7 | 3 | 6 | 4 | 5 | 1 |
| 1 | 3 | 2 | 5 | 7 | 4 | 9 | 6 | 8 |
| 7 | 8 | 6 | 2 | 9 | 1 | 5 | 3 | 4 |
| 5 | 9 | 4 | 3 | 6 | 8 | 1 | 7 | 2 |

34

| | | | | | | | | |
|---|---|---|---|---|---|---|---|---|
| 9 | 3 | 4 | 6 | 8 | 5 | 1 | 2 | 7 |
| 1 | 6 | 2 | 7 | 3 | 9 | 5 | 8 | 4 |
| 5 | 7 | 8 | 4 | 2 | 1 | 3 | 6 | 9 |
| 2 | 5 | 3 | 1 | 7 | 6 | 9 | 4 | 8 |
| 6 | 4 | 9 | 8 | 5 | 3 | 2 | 7 | 1 |
| 8 | 1 | 7 | 2 | 9 | 4 | 6 | 3 | 5 |
| 4 | 2 | 6 | 9 | 6 | 7 | 8 | 1 | 3 |
| 7 | 9 | 6 | 3 | 1 | 8 | 4 | 5 | 2 |
| 3 | 8 | 1 | 5 | 4 | 2 | 7 | 9 | 6 |

奇偶数独

35

| | | | | | | | | |
|---|---|---|---|---|---|---|---|---|
| 9 | 1 | 4 | 8 | 6 | 3 | 5 | 2 | 7 |
| 2 | 5 | 6 | 1 | 7 | 9 | 4 | 8 | 3 |
| 7 | 3 | 8 | 2 | 4 | 5 | 1 | 9 | 6 |
| 5 | 4 | 1 | 7 | 8 | 2 | 3 | 6 | 9 |
| 8 | 7 | 9 | 6 | 3 | 1 | 2 | 5 | 4 |
| 6 | 2 | 3 | 9 | 5 | 4 | 8 | 7 | 1 |
| 1 | 9 | 5 | 3 | 2 | 7 | 6 | 4 | 8 |
| 3 | 6 | 2 | 4 | 9 | 8 | 7 | 1 | 5 |
| 4 | 8 | 7 | 5 | 1 | 6 | 9 | 3 | 2 |

36

| | | | | | | | | |
|---|---|---|---|---|---|---|---|---|
| 3 | 7 | 5 | 9 | 2 | 8 | 1 | 6 | 4 |
| 1 | 9 | 6 | 4 | 5 | 7 | 3 | 8 | 2 |
| 4 | 8 | 2 | 1 | 3 | 6 | 9 | 7 | 5 |
| 2 | 1 | 7 | 5 | 8 | 3 | 6 | 4 | 9 |
| 8 | 5 | 4 | 2 | 6 | 9 | 7 | 3 | 1 |
| 6 | 3 | 9 | 7 | 1 | 4 | 5 | 2 | 8 |
| 9 | 4 | 1 | 6 | 7 | 2 | 8 | 5 | 3 |
| 7 | 2 | 3 | 8 | 9 | 5 | 4 | 1 | 6 |
| 5 | 6 | 8 | 3 | 4 | 1 | 2 | 9 | 7 |

# 37

| 3 | 1 | 4 | 2 | 8 | 6 | 9 | 7 | 5 |
|---|---|---|---|---|---|---|---|---|
| 7 | 9 | 8 | 1 | 5 | 3 | 4 | 2 | 6 |
| 5 | 6 | 2 | 7 | 4 | 9 | 1 | 3 | 8 |
| 9 | 4 | 1 | 5 | 2 | 7 | 6 | 8 | 3 |
| 2 | 5 | 3 | 8 | 6 | 1 | 7 | 9 | 4 |
| 8 | 7 | 6 | 3 | 9 | 4 | 2 | 5 | 1 |
| 1 | 3 | 9 | 6 | 7 | 5 | 8 | 4 | 2 |
| 6 | 8 | 7 | 4 | 3 | 2 | 5 | 1 | 9 |
| 4 | 2 | 5 | 9 | 1 | 8 | 3 | 6 | 7 |

# 38

| 1 | 9 | 5 | 3 | 6 | 2 | 4 | 7 | 8 |
|---|---|---|---|---|---|---|---|---|
| 2 | 4 | 8 | 7 | 1 | 9 | 5 | 3 | 6 |
| 6 | 7 | 3 | 5 | 8 | 4 | 9 | 1 | 2 |
| 9 | 5 | 6 | 8 | 3 | 7 | 2 | 4 | 1 |
| 7 | 3 | 1 | 4 | 2 | 6 | 8 | 5 | 9 |
| 4 | 8 | 2 | 1 | 9 | 5 | 7 | 6 | 3 |
| 3 | 2 | 4 | 9 | 7 | 1 | 6 | 8 | 5 |
| 8 | 6 | 7 | 2 | 5 | 3 | 1 | 9 | 4 |
| 5 | 1 | 9 | 6 | 4 | 8 | 3 | 2 | 7 |

# 39

| 9 | 2 | 7 | 4 | 8 | 5 | 1 | 3 | 6 |
|---|---|---|---|---|---|---|---|---|
| 1 | 4 | 3 | 6 | 7 | 2 | 9 | 5 | 8 |
| 6 | 5 | 8 | 1 | 9 | 3 | 4 | 2 | 7 |
| 8 | 1 | 2 | 7 | 5 | 9 | 3 | 6 | 4 |
| 5 | 7 | 6 | 8 | 3 | 4 | 2 | 9 | 1 |
| 3 | 9 | 4 | 2 | 1 | 6 | 7 | 8 | 5 |
| 4 | 6 | 1 | 3 | 2 | 8 | 5 | 7 | 9 |
| 2 | 8 | 9 | 5 | 4 | 7 | 6 | 1 | 3 |
| 7 | 3 | 5 | 9 | 6 | 1 | 8 | 4 | 2 |

# 40

| 2 | 4 | 7 | 5 | 8 | 3 | 1 | 9 | 6 |
|---|---|---|---|---|---|---|---|---|
| 9 | 1 | 8 | 4 | 6 | 2 | 7 | 5 | 3 |
| 6 | 3 | 5 | 9 | 7 | 1 | 4 | 2 | 8 |
| 1 | 7 | 4 | 6 | 5 | 9 | 3 | 8 | 2 |
| 5 | 6 | 2 | 8 | 3 | 4 | 9 | 1 | 7 |
| 8 | 9 | 3 | 2 | 1 | 7 | 5 | 6 | 4 |
| 4 | 2 | 1 | 3 | 9 | 6 | 8 | 7 | 5 |
| 3 | 8 | 9 | 7 | 2 | 5 | 6 | 4 | 1 |
| 7 | 5 | 6 | 1 | 4 | 8 | 2 | 3 | 9 |

# 41

| 5 | 6 | 7 | 2 | 8 | 9 | 4 | 1 | 3 |
|---|---|---|---|---|---|---|---|---|
| 4 | 9 | 2 | 3 | 7 | 1 | 6 | 5 | 8 |
| 8 | 3 | 1 | 5 | 4 | 6 | 7 | 2 | 9 |
| 3 | 8 | 9 | 7 | 5 | 2 | 1 | 4 | 6 |
| 1 | 7 | 5 | 4 | 6 | 3 | 8 | 9 | 2 |
| 6 | 2 | 4 | 1 | 9 | 8 | 3 | 7 | 5 |
| 7 | 5 | 8 | 9 | 3 | 4 | 2 | 6 | 1 |
| 2 | 4 | 6 | 8 | 1 | 5 | 9 | 3 | 7 |
| 9 | 1 | 3 | 6 | 2 | 7 | 5 | 8 | 4 |

# 42

| 9 | 3 | 7 | 2 | 1 | 4 | 8 | 6 | 5 |
|---|---|---|---|---|---|---|---|---|
| 8 | 5 | 2 | 7 | 6 | 9 | 1 | 3 | 4 |
| 6 | 4 | 1 | 8 | 5 | 3 | 7 | 9 | 2 |
| 7 | 2 | 9 | 4 | 3 | 1 | 5 | 8 | 6 |
| 4 | 6 | 3 | 9 | 8 | 5 | 2 | 7 | 1 |
| 5 | 1 | 8 | 6 | 2 | 7 | 3 | 4 | 9 |
| 3 | 8 | 4 | 1 | 9 | 2 | 6 | 5 | 7 |
| 1 | 9 | 5 | 3 | 7 | 6 | 4 | 2 | 8 |
| 2 | 7 | 6 | 5 | 4 | 8 | 9 | 1 | 3 |

43

| | | | | | | | | |
|---|---|---|---|---|---|---|---|---|
| 4 | 2 | 3 | 9 | 1 | 7 | 5 | 8 | 6 |
| 5 | 9 | 8 | 6 | 3 | 2 | 4 | 7 | 1 |
| 6 | 7 | 1 | 5 | 4 | 8 | 9 | 2 | 3 |
| 1 | 5 | 2 | 3 | 7 | 4 | 8 | 6 | 9 |
| 7 | 3 | 6 | 1 | 8 | 9 | 2 | 4 | 5 |
| 8 | 4 | 9 | 2 | 5 | 6 | 3 | 1 | 7 |
| 9 | 6 | 5 | 8 | 2 | 1 | 7 | 3 | 4 |
| 2 | 1 | 4 | 7 | 9 | 3 | 6 | 5 | 8 |
| 3 | 8 | 7 | 4 | 6 | 5 | 1 | 9 | 2 |

44

| | | | | | | | | |
|---|---|---|---|---|---|---|---|---|
| 3 | 7 | 6 | 9 | 2 | 8 | 1 | 4 | 5 |
| 1 | 9 | 4 | 5 | 6 | 7 | 3 | 8 | 2 |
| 5 | 8 | 2 | 1 | 3 | 4 | 9 | 7 | 6 |
| 2 | 1 | 7 | 6 | 8 | 3 | 4 | 5 | 9 |
| 8 | 6 | 5 | 2 | 4 | 9 | 7 | 3 | 1 |
| 4 | 3 | 9 | 7 | 1 | 5 | 6 | 2 | 8 |
| 9 | 5 | 1 | 4 | 7 | 2 | 8 | 6 | 3 |
| 7 | 2 | 3 | 8 | 9 | 6 | 5 | 1 | 4 |
| 6 | 4 | 8 | 3 | 5 | 1 | 2 | 9 | 7 |

45

| | | | | | | | | |
|---|---|---|---|---|---|---|---|---|
| 9 | 5 | 4 | 3 | 6 | 2 | 8 | 4 | 7 |
| 2 | 7 | 1 | 5 | 9 | 8 | 6 | 4 | 3 |
| 8 | 3 | 6 | 4 | 1 | 7 | 9 | 5 | 2 |
| 6 | 8 | 3 | 1 | 7 | 5 | 2 | 9 | 4 |
| 4 | 2 | 5 | 9 | 8 | 3 | 1 | 7 | 6 |
| 1 | 9 | 7 | 6 | 2 | 4 | 5 | 3 | 8 |
| 7 | 4 | 2 | 8 | 5 | 9 | 3 | 6 | 1 |
| 5 | 1 | 8 | 7 | 3 | 6 | 4 | 2 | 9 |
| 3 | 6 | 9 | 2 | 4 | 1 | 7 | 8 | 5 |

46

| | | | | | | | | |
|---|---|---|---|---|---|---|---|---|
| 6 | 7 | 8 | 4 | 2 | 3 | 5 | 9 | 1 |
| 2 | 3 | 1 | 9 | 5 | 7 | 8 | 4 | 6 |
| 9 | 5 | 4 | 8 | 6 | 1 | 7 | 3 | 2 |
| 4 | 1 | 5 | 2 | 7 | 9 | 3 | 6 | 8 |
| 3 | 9 | 6 | 1 | 8 | 4 | 2 | 5 | 7 |
| 7 | 8 | 2 | 6 | 3 | 5 | 9 | 1 | 4 |
| 8 | 4 | 3 | 7 | 9 | 6 | 1 | 2 | 5 |
| 1 | 2 | 9 | 5 | 4 | 8 | 6 | 7 | 3 |
| 5 | 6 | 7 | 3 | 1 | 2 | 5 | 8 | 9 |

47

| | | | | | | | | |
|---|---|---|---|---|---|---|---|---|
| 4 | 3 | 6 | 8 | 2 | 9 | 1 | 5 | 7 |
| 8 | 9 | 1 | 7 | 5 | 6 | 2 | 3 | 4 |
| 5 | 7 | 2 | 1 | 4 | 3 | 9 | 6 | 8 |
| 6 | 5 | 4 | 3 | 7 | 2 | 8 | 9 | 1 |
| 7 | 2 | 3 | 9 | 8 | 1 | 6 | 4 | 5 |
| 9 | 1 | 8 | 4 | 6 | 5 | 3 | 7 | 2 |
| 3 | 8 | 5 | 6 | 1 | 4 | 7 | 2 | 9 |
| 2 | 6 | 7 | 5 | 9 | 8 | 4 | 1 | 3 |
| 1 | 4 | 9 | 2 | 3 | 7 | 5 | 8 | 6 |

48

| | | | | | | | | |
|---|---|---|---|---|---|---|---|---|
| 3 | 9 | 4 | 1 | 2 | 6 | 5 | 7 | 8 |
| 1 | 5 | 2 | 7 | 3 | 8 | 9 | 4 | 6 |
| 7 | 6 | 8 | 4 | 5 | 9 | 2 | 1 | 3 |
| 9 | 8 | 6 | 2 | 7 | 5 | 4 | 3 | 1 |
| 4 | 2 | 3 | 6 | 9 | 1 | 7 | 8 | 5 |
| 5 | 7 | 1 | 3 | 8 | 4 | 6 | 9 | 2 |
| 8 | 3 | 7 | 9 | 6 | 2 | 1 | 5 | 4 |
| 2 | 1 | 5 | 8 | 4 | 7 | 3 | 6 | 9 |
| 6 | 4 | 9 | 5 | 1 | 3 | 8 | 2 | 7 |

### 49
| 5 | 1 | 6 | 7 | 2 | 8 | 3 | 9 | 4 |
|---|---|---|---|---|---|---|---|---|
| 2 | 8 | 7 | 9 | 3 | 4 | 5 | 6 | 1 |
| 9 | 3 | 4 | 5 | 6 | 1 | 8 | 2 | 7 |
| 7 | 6 | 3 | 1 | 8 | 5 | 9 | 4 | 2 |
| 4 | 2 | 5 | 6 | 9 | 3 | 7 | 1 | 8 |
| 1 | 9 | 8 | 2 | 4 | 7 | 6 | 5 | 3 |
| 8 | 4 | 1 | 3 | 5 | 6 | 2 | 7 | 9 |
| 6 | 7 | 2 | 8 | 1 | 9 | 4 | 3 | 5 |
| 3 | 5 | 9 | 4 | 7 | 2 | 1 | 8 | 6 |

### 50
| 8 | 1 | 6 | 3 | 5 | 2 | 9 | 7 | 4 |
|---|---|---|---|---|---|---|---|---|
| 3 | 4 | 7 | 1 | 8 | 9 | 2 | 6 | 5 |
| 5 | 9 | 2 | 7 | 6 | 4 | 3 | 1 | 8 |
| 1 | 6 | 4 | 5 | 2 | 8 | 7 | 3 | 9 |
| 9 | 2 | 5 | 6 | 7 | 3 | 8 | 4 | 1 |
| 7 | 8 | 3 | 9 | 4 | 1 | 5 | 2 | 6 |
| 4 | 3 | 1 | 2 | 9 | 5 | 6 | 8 | 7 |
| 6 | 5 | 8 | 4 | 3 | 7 | 1 | 9 | 2 |
| 2 | 7 | 9 | 8 | 1 | 6 | 4 | 5 | 3 |

### 51
| 4 | 6 | 9 | 8 | 3 | 2 | 7 | 1 | 5 |
|---|---|---|---|---|---|---|---|---|
| 5 | 3 | 2 | 1 | 6 | 7 | 4 | 9 | 8 |
| 8 | 1 | 7 | 5 | 4 | 9 | 6 | 2 | 3 |
| 7 | 8 | 3 | 2 | 9 | 4 | 5 | 6 | 1 |
| 2 | 4 | 5 | 3 | 1 | 6 | 8 | 7 | 9 |
| 6 | 9 | 1 | 7 | 5 | 8 | 3 | 4 | 2 |
| 1 | 7 | 8 | 6 | 2 | 5 | 9 | 3 | 4 |
| 9 | 2 | 6 | 4 | 8 | 3 | 1 | 5 | 7 |
| 3 | 5 | 4 | 9 | 7 | 1 | 2 | 8 | 6 |

### 52
| 4 | 6 | 9 | 8 | 3 | 2 | 7 | 1 | 5 |
|---|---|---|---|---|---|---|---|---|
| 5 | 3 | 2 | 1 | 6 | 7 | 4 | 9 | 8 |
| 8 | 1 | 7 | 5 | 4 | 9 | 6 | 2 | 3 |
| 7 | 8 | 3 | 2 | 9 | 4 | 5 | 6 | 1 |
| 2 | 4 | 5 | 3 | 1 | 6 | 8 | 7 | 9 |
| 6 | 9 | 1 | 7 | 5 | 8 | 3 | 4 | 2 |
| 1 | 7 | 8 | 6 | 2 | 5 | 9 | 3 | 4 |
| 9 | 2 | 6 | 4 | 8 | 3 | 1 | 5 | 7 |
| 3 | 5 | 4 | 9 | 7 | 1 | 2 | 8 | 6 |

### 53
| 3 | 5 | 7 | 8 | 6 | 1 | 9 | 4 | 2 |
|---|---|---|---|---|---|---|---|---|
| 6 | 4 | 2 | 3 | 9 | 5 | 8 | 1 | 7 |
| 1 | 8 | 9 | 2 | 4 | 7 | 5 | 3 | 6 |
| 7 | 6 | 4 | 5 | 1 | 3 | 2 | 9 | 8 |
| 5 | 1 | 3 | 9 | 8 | 2 | 6 | 7 | 4 |
| 2 | 9 | 8 | 4 | 7 | 6 | 1 | 5 | 3 |
| 4 | 2 | 6 | 1 | 3 | 9 | 7 | 8 | 5 |
| 8 | 7 | 1 | 6 | 5 | 4 | 3 | 2 | 9 |
| 9 | 3 | 5 | 7 | 2 | 8 | 4 | 6 | 1 |

### 54
| 8 | 6 | 9 | 3 | 4 | 2 | 5 | 7 | 1 |
|---|---|---|---|---|---|---|---|---|
| 1 | 3 | 5 | 7 | 9 | 6 | 2 | 8 | 4 |
| 2 | 4 | 7 | 5 | 1 | 8 | 6 | 9 | 3 |
| 4 | 2 | 6 | 1 | 7 | 9 | 8 | 3 | 5 |
| 7 | 5 | 1 | 8 | 2 | 3 | 4 | 6 | 9 |
| 3 | 9 | 8 | 4 | 6 | 5 | 7 | 1 | 2 |
| 6 | 4 | 3 | 2 | 8 | 4 | 9 | 5 | 7 |
| 9 | 7 | 2 | 6 | 5 | 1 | 3 | 4 | 8 |
| 5 | 8 | 4 | 9 | 3 | 7 | 1 | 2 | 6 |

答案

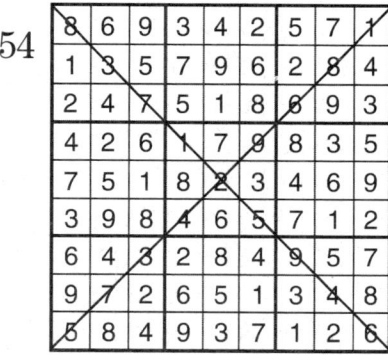

## 55

| 1 | 5 | 2 | 9 | 4 | 3 | 8 | 6 | 7 |
|---|---|---|---|---|---|---|---|---|
| 6 | 4 | 8 | 7 | 5 | 1 | 2 | 9 | 3 |
| 9 | 3 | 7 | 8 | 2 | 6 | 5 | 1 | 4 |
| 8 | 6 | 1 | 5 | 9 | 4 | 3 | 7 | 2 |
| 2 | 9 | 4 | 3 | 8 | 7 | 6 | 5 | 1 |
| 5 | 7 | 3 | 1 | 6 | 2 | 4 | 8 | 9 |
| 7 | 1 | 6 | 4 | 3 | 8 | 9 | 2 | 5 |
| 4 | 2 | 5 | 6 | 1 | 9 | 7 | 3 | 8 |
| 3 | 8 | 9 | 2 | 7 | 5 | 1 | 4 | 6 |

## 56

| 9 | 8 | 5 | 1 | 3 | 7 | 2 | 6 | 4 |
|---|---|---|---|---|---|---|---|---|
| 1 | 7 | 6 | 9 | 2 | 4 | 5 | 8 | 3 |
| 3 | 4 | 2 | 8 | 6 | 5 | 7 | 9 | 1 |
| 4 | 1 | 9 | 6 | 8 | 2 | 3 | 5 | 7 |
| 7 | 6 | 3 | 4 | 5 | 9 | 8 | 1 | 2 |
| 2 | 5 | 8 | 3 | 7 | 1 | 6 | 4 | 9 |
| 8 | 3 | 1 | 7 | 9 | 6 | 4 | 2 | 5 |
| 5 | 9 | 7 | 2 | 4 | 8 | 1 | 3 | 6 |
| 6 | 2 | 4 | 5 | 1 | 3 | 9 | 7 | 8 |

## 57

| 3 | 8 | 9 | 4 | 5 | 7 | 6 | 1 | 2 |
|---|---|---|---|---|---|---|---|---|
| 6 | 1 | 7 | 9 | 3 | 2 | 5 | 8 | 4 |
| 5 | 4 | 2 | 6 | 8 | 1 | 7 | 9 | 3 |
| 2 | 9 | 5 | 8 | 7 | 3 | 4 | 6 | 1 |
| 4 | 3 | 1 | 2 | 6 | 9 | 8 | 7 | 5 |
| 8 | 7 | 6 | 1 | 4 | 5 | 3 | 2 | 9 |
| 7 | 2 | 4 | 5 | 1 | 6 | 9 | 3 | 8 |
| 1 | 5 | 3 | 7 | 9 | 8 | 2 | 4 | 6 |
| 9 | 6 | 8 | 3 | 2 | 4 | 1 | 5 | 7 |

## 58

| 8 | 5 | 6 | 9 | 7 | 4 | 2 | 3 | 1 |
|---|---|---|---|---|---|---|---|---|
| 9 | 7 | 2 | 1 | 8 | 3 | 4 | 5 | 6 |
| 4 | 3 | 1 | 6 | 5 | 2 | 9 | 7 | 8 |
| 5 | 2 | 3 | 4 | 1 | 7 | 6 | 8 | 9 |
| 6 | 9 | 8 | 3 | 2 | 5 | 1 | 4 | 7 |
| 1 | 4 | 7 | 8 | 9 | 6 | 5 | 2 | 3 |
| 7 | 8 | 4 | 5 | 6 | 9 | 3 | 1 | 2 |
| 2 | 6 | 5 | 7 | 3 | 1 | 8 | 9 | 4 |
| 3 | 1 | 9 | 2 | 4 | 8 | 7 | 6 | 5 |

## 59

| 7 | 8 | 5 | 4 | 3 | 2 | 6 | 9 | 1 |
|---|---|---|---|---|---|---|---|---|
| 2 | 9 | 6 | 8 | 7 | 1 | 5 | 4 | 3 |
| 4 | 3 | 1 | 5 | 6 | 9 | 8 | 2 | 7 |
| 3 | 5 | 4 | 2 | 1 | 7 | 9 | 6 | 8 |
| 8 | 1 | 7 | 9 | 5 | 6 | 2 | 3 | 4 |
| 6 | 2 | 9 | 3 | 8 | 4 | 1 | 7 | 5 |
| 5 | 7 | 2 | 6 | 4 | 8 | 3 | 1 | 9 |
| 1 | 6 | 3 | 7 | 9 | 5 | 4 | 8 | 2 |
| 9 | 4 | 8 | 1 | 2 | 3 | 7 | 5 | 6 |

## 60

| 6 | 3 | 9 | 4 | 1 | 8 | 7 | 2 | 5 |
|---|---|---|---|---|---|---|---|---|
| 1 | 2 | 4 | 3 | 5 | 7 | 6 | 8 | 9 |
| 5 | 8 | 7 | 2 | 6 | 9 | 4 | 1 | 3 |
| 2 | 1 | 3 | 5 | 7 | 4 | 8 | 9 | 6 |
| 4 | 6 | 8 | 1 | 9 | 2 | 3 | 5 | 7 |
| 7 | 9 | 5 | 8 | 3 | 6 | 1 | 4 | 2 |
| 3 | 4 | 1 | 6 | 2 | 5 | 9 | 7 | 8 |
| 8 | 7 | 2 | 9 | 4 | 3 | 5 | 6 | 1 |
| 9 | 5 | 6 | 7 | 8 | 1 | 2 | 3 | 4 |

**61**

| 3 | 2 | 1 | 6 | 4 | 7 | 5 | 8 | 9 |
|---|---|---|---|---|---|---|---|---|
| 5 | 6 | 4 | 9 | 8 | 1 | 2 | 7 | 3 |
| 9 | 7 | 8 | 5 | 3 | 2 | 4 | 1 | 6 |
| 6 | 5 | 3 | 4 | 9 | 8 | 1 | 2 | 7 |
| 1 | 9 | 2 | 3 | 7 | 5 | 6 | 4 | 8 |
| 4 | 8 | 7 | 1 | 2 | 6 | 3 | 9 | 5 |
| 8 | 1 | 6 | 2 | 5 | 9 | 7 | 3 | 4 |
| 2 | 3 | 9 | 7 | 6 | 4 | 8 | 5 | 1 |
| 7 | 4 | 5 | 8 | 1 | 3 | 9 | 6 | 2 |

**62**

| 3 | 6 | 9 | 8 | 2 | 5 | 4 | 1 | 7 |
|---|---|---|---|---|---|---|---|---|
| 7 | 2 | 1 | 9 | 4 | 3 | 8 | 6 | 5 |
| 4 | 8 | 5 | 1 | 7 | 6 | 3 | 9 | 2 |
| 1 | 4 | 3 | 2 | 8 | 9 | 7 | 5 | 6 |
| 8 | 9 | 6 | 5 | 1 | 7 | 2 | 3 | 4 |
| 2 | 5 | 7 | 6 | 3 | 4 | 1 | 8 | 9 |
| 5 | 1 | 4 | 3 | 9 | 2 | 6 | 7 | 8 |
| 6 | 7 | 8 | 4 | 5 | 1 | 9 | 2 | 3 |
| 9 | 3 | 2 | 7 | 6 | 8 | 5 | 4 | 1 |

**63**

| 7 | 8 | 2 | 6 | 4 | 5 | 1 | 3 | 9 |
|---|---|---|---|---|---|---|---|---|
| 1 | 5 | 6 | 9 | 8 | 3 | 4 | 2 | 7 |
| 4 | 9 | 3 | 7 | 1 | 2 | 8 | 6 | 5 |
| 2 | 4 | 5 | 8 | 3 | 9 | 7 | 1 | 6 |
| 3 | 7 | 8 | 5 | 6 | 1 | 9 | 4 | 2 |
| 6 | 1 | 9 | 4 | 2 | 7 | 5 | 8 | 3 |
| 8 | 6 | 7 | 2 | 9 | 4 | 3 | 5 | 1 |
| 5 | 2 | 1 | 3 | 7 | 8 | 6 | 9 | 4 |
| 9 | 3 | 4 | 1 | 5 | 6 | 2 | 7 | 8 |

**64**

| 6 | 5 | 1 | 2 | 7 | 3 | 4 | 9 | 8 |
|---|---|---|---|---|---|---|---|---|
| 7 | 3 | 2 | 4 | 9 | 8 | 5 | 6 | 1 |
| 4 | 9 | 8 | 6 | 1 | 5 | 2 | 3 | 7 |
| 2 | 4 | 7 | 9 | 6 | 1 | 8 | 5 | 3 |
| 1 | 8 | 3 | 5 | 2 | 4 | 6 | 7 | 9 |
| 9 | 6 | 5 | 8 | 3 | 7 | 1 | 2 | 4 |
| 3 | 2 | 9 | 1 | 4 | 6 | 7 | 8 | 5 |
| 8 | 1 | 6 | 7 | 5 | 9 | 3 | 4 | 2 |
| 5 | 7 | 4 | 3 | 8 | 2 | 9 | 1 | 6 |

**65**

| 1 | 7 | 6 | 4 | 8 | 5 | 3 | 2 | 9 |
|---|---|---|---|---|---|---|---|---|
| 4 | 2 | 8 | 3 | 9 | 6 | 5 | 1 | 7 |
| 5 | 9 | 3 | 2 | 1 | 7 | 8 | 6 | 4 |
| 2 | 8 | 7 | 9 | 5 | 4 | 1 | 3 | 6 |
| 6 | 3 | 4 | 8 | 2 | 1 | 7 | 9 | 5 |
| 9 | 1 | 5 | 7 | 6 | 3 | 4 | 8 | 2 |
| 6 | 4 | 9 | 1 | 7 | 2 | 6 | 5 | 8 |
| 7 | 6 | 2 | 5 | 3 | 8 | 9 | 4 | 1 |
| 8 | 5 | 1 | 6 | 4 | 9 | 2 | 7 | 3 |

**66**

| 2 | 7 | 8 | 5 | 4 | 1 | 6 | 3 | 9 |
|---|---|---|---|---|---|---|---|---|
| 6 | 4 | 3 | 7 | 8 | 9 | 1 | 2 | 5 |
| 5 | 1 | 9 | 3 | 2 | 6 | 8 | 4 | 7 |
| 1 | 2 | 4 | 6 | 3 | 5 | 9 | 7 | 8 |
| 9 | 6 | 7 | 8 | 1 | 4 | 3 | 5 | 2 |
| 8 | 3 | 5 | 2 | 9 | 7 | 4 | 6 | 1 |
| 4 | 5 | 2 | 9 | 6 | 8 | 7 | 1 | 3 |
| 3 | 8 | 1 | 4 | 7 | 2 | 5 | 9 | 6 |
| 7 | 9 | 6 | 1 | 5 | 3 | 2 | 8 | 4 |

**67**

| 4 | 6 | 8 | 2 | 9 | 7 | 3 | 5 | 1 |
| 5 | 3 | 1 | 4 | 8 | 6 | 7 | 2 | 9 |
| 9 | 7 | 2 | 1 | 5 | 3 | 6 | 4 | 8 |
| 3 | 8 | 6 | 5 | 1 | 2 | 9 | 7 | 4 |
| 7 | 1 | 4 | 8 | 6 | 9 | 2 | 3 | 5 |
| 2 | 5 | 9 | 7 | 3 | 4 | 8 | 1 | 6 |
| 1 | 2 | 7 | 6 | 4 | 8 | 5 | 9 | 3 |
| 6 | 4 | 3 | 9 | 7 | 5 | 1 | 8 | 2 |
| 8 | 9 | 5 | 3 | 2 | 1 | 4 | 6 | 7 |

**68**

| 9 | 3 | 1 | 6 | 4 | 7 | 2 | 8 | 5 |
| 7 | 6 | 2 | 3 | 8 | 5 | 9 | 1 | 4 |
| 5 | 8 | 4 | 9 | 1 | 2 | 7 | 6 | 3 |
| 1 | 5 | 3 | 7 | 6 | 4 | 8 | 9 | 2 |
| 4 | 7 | 9 | 2 | 5 | 8 | 1 | 3 | 6 |
| 6 | 2 | 8 | 1 | 3 | 9 | 5 | 4 | 7 |
| 3 | 4 | 7 | 5 | 9 | 1 | 6 | 2 | 8 |
| 8 | 1 | 5 | 4 | 2 | 6 | 3 | 7 | 9 |
| 2 | 9 | 6 | 8 | 7 | 3 | 4 | 5 | 1 |

**69**

| 5 | 7 | 9 | 8 | 2 | 6 | 3 | 4 | 1 |
| 1 | 4 | 2 | 5 | 9 | 3 | 6 | 8 | 7 |
| 6 | 8 | 3 | 1 | 7 | 4 | 2 | 5 | 9 |
| 7 | 3 | 1 | 6 | 4 | 5 | 8 | 9 | 2 |
| 2 | 6 | 4 | 9 | 8 | 7 | 1 | 3 | 5 |
| 8 | 9 | 5 | 2 | 3 | 1 | 7 | 6 | 4 |
| 9 | 1 | 6 | 7 | 5 | 8 | 4 | 2 | 3 |
| 3 | 2 | 8 | 4 | 1 | 9 | 5 | 7 | 6 |
| 4 | 5 | 7 | 3 | 6 | 2 | 9 | 1 | 8 |

**70**

| 3 | 8 | 9 | 6 | 5 | 1 | 2 | 4 | 7 |
| 5 | 4 | 7 | 2 | 8 | 3 | 1 | 9 | 6 |
| 6 | 2 | 1 | 7 | 9 | 4 | 8 | 5 | 3 |
| 9 | 7 | 8 | 3 | 4 | 5 | 6 | 2 | 1 |
| 4 | 5 | 6 | 8 | 1 | 2 | 7 | 3 | 9 |
| 2 | 1 | 3 | 9 | 6 | 7 | 5 | 8 | 4 |
| 1 | 6 | 2 | 4 | 3 | 8 | 9 | 7 | 5 |
| 8 | 9 | 4 | 5 | 7 | 6 | 3 | 1 | 2 |
| 7 | 3 | 5 | 1 | 2 | 9 | 4 | 6 | 8 |

## 连续数独

**71**

| 1 | 9 | 5 | 7 | 4 | 6 | 8 | 3 | 2 |
| 3 | 6 | 8 | 5 | 9 | 2 | 1 | 4 | 7 |
| 7 | 4 | 2 | 1 | 3 | 8 | 5 | 9 | 6 |
| 4 | 3 | 7 | 2 | 8 | 5 | 9 | 6 | 1 |
| 5 | 8 | 6 | 9 | 7 | 1 | 3 | 2 | 4 |
| 2 | 1 | 9 | 3 | 6 | 4 | 7 | 8 | 5 |
| 9 | 5 | 3 | 4 | 2 | 7 | 6 | 1 | 8 |
| 8 | 2 | 1 | 6 | 5 | 9 | 4 | 7 | 3 |
| 6 | 7 | 4 | 8 | 1 | 3 | 2 | 5 | 9 |

**72**

| 3 | 8 | 6 | 1 | 7 | 2 | 5 | 4 | 9 |
| 2 | 4 | 9 | 6 | 8 | 5 | 3 | 1 | 7 |
| 5 | 1 | 7 | 9 | 4 | 3 | 6 | 8 | 2 |
| 6 | 7 | 5 | 8 | 3 | 9 | 1 | 2 | 4 |
| 8 | 9 | 3 | 4 | 2 | 1 | 7 | 6 | 5 |
| 4 | 2 | 1 | 7 | 5 | 6 | 9 | 3 | 8 |
| 7 | 5 | 2 | 3 | 1 | 4 | 8 | 9 | 6 |
| 9 | 3 | 8 | 2 | 6 | 7 | 4 | 5 | 1 |
| 1 | 6 | 4 | 5 | 9 | 8 | 2 | 7 | 3 |

**73**

| 1 | 2 | 4 | 6 | 3 | 7 | 9 | 8 | 5 |
| 8 | 9 | 3 | 4 | 5 | 2 | 7 | 1 | 6 |
| 5 | 6 | 7 | 8 | 1 | 9 | 4 | 2 | 3 |
| 7 | 8 | 2 | 3 | 4 | 1 | 6 | 5 | 9 |
| 6 | 4 | 5 | 7 | 9 | 8 | 1 | 3 | 2 |
| 3 | 1 | 9 | 2 | 6 | 5 | 8 | 7 | 4 |
| 9 | 7 | 1 | 5 | 2 | 6 | 3 | 4 | 8 |
| 4 | 5 | 6 | 1 | 8 | 3 | 2 | 9 | 7 |
| 2 | 3 | 8 | 9 | 7 | 4 | 5 | 6 | 1 |

**74**

| 7 | 6 | 1 | 3 | 2 | 5 | 8 | 4 | 9 |
| 2 | 5 | 4 | 8 | 9 | 6 | 7 | 1 | 3 |
| 9 | 3 | 8 | 7 | 1 | 4 | 6 | 5 | 2 |
| 6 | 9 | 3 | 4 | 8 | 2 | 1 | 7 | 5 |
| 1 | 8 | 2 | 5 | 3 | 7 | 9 | 6 | 4 |
| 4 | 7 | 5 | 9 | 6 | 1 | 3 | 2 | 8 |
| 3 | 4 | 7 | 6 | 5 | 9 | 2 | 8 | 1 |
| 5 | 2 | 9 | 1 | 7 | 8 | 4 | 3 | 6 |
| 8 | 1 | 6 | 2 | 4 | 3 | 5 | 9 | 7 |

**75**

| 3 | 1 | 5 | 6 | 4 | 8 | 2 | 9 | 7 |
| 8 | 2 | 7 | 1 | 9 | 3 | 6 | 5 | 4 |
| 4 | 9 | 6 | 5 | 7 | 2 | 3 | 1 | 8 |
| 6 | 8 | 9 | 3 | 1 | 5 | 4 | 7 | 2 |
| 7 | 3 | 2 | 9 | 6 | 4 | 5 | 8 | 1 |
| 5 | 4 | 1 | 2 | 8 | 7 | 9 | 3 | 6 |
| 9 | 7 | 3 | 8 | 2 | 6 | 1 | 4 | 5 |
| 2 | 5 | 4 | 7 | 3 | 1 | 8 | 6 | 9 |
| 1 | 6 | 8 | 4 | 5 | 9 | 7 | 2 | 3 |

**76**

| 9 | 4 | 6 | 1 | 7 | 2 | 8 | 5 | 3 |
| 8 | 7 | 1 | 4 | 5 | 3 | 9 | 6 | 2 |
| 5 | 2 | 3 | 8 | 9 | 6 | 4 | 7 | 1 |
| 1 | 3 | 7 | 5 | 2 | 8 | 6 | 4 | 9 |
| 4 | 6 | 9 | 3 | 1 | 7 | 2 | 8 | 5 |
| 2 | 8 | 5 | 9 | 6 | 4 | 1 | 3 | 7 |
| 7 | 1 | 2 | 6 | 4 | 5 | 3 | 9 | 8 |
| 3 | 5 | 4 | 2 | 8 | 9 | 7 | 1 | 6 |
| 6 | 9 | 8 | 7 | 3 | 1 | 5 | 2 | 4 |

**77**

| 6 | 5 | 9 | 7 | 3 | 1 | 2 | 8 | 4 |
| 3 | 7 | 4 | 2 | 8 | 5 | 6 | 1 | 9 |
| 8 | 2 | 1 | 6 | 9 | 4 | 5 | 3 | 7 |
| 2 | 1 | 7 | 9 | 4 | 8 | 3 | 5 | 6 |
| 5 | 4 | 8 | 1 | 6 | 3 | 7 | 9 | 2 |
| 9 | 3 | 6 | 5 | 7 | 2 | 1 | 4 | 8 |
| 4 | 8 | 2 | 3 | 1 | 6 | 9 | 7 | 5 |
| 7 | 6 | 3 | 8 | 5 | 9 | 4 | 2 | 1 |
| 1 | 9 | 5 | 4 | 2 | 7 | 8 | 6 | 3 |

**78**

| 4 | 6 | 8 | 5 | 1 | 9 | 3 | 7 | 2 |
| 2 | 9 | 5 | 3 | 7 | 8 | 4 | 1 | 6 |
| 7 | 1 | 3 | 2 | 4 | 6 | 8 | 5 | 9 |
| 3 | 8 | 1 | 6 | 2 | 5 | 9 | 4 | 7 |
| 5 | 7 | 6 | 4 | 9 | 1 | 2 | 8 | 3 |
| 9 | 2 | 4 | 8 | 3 | 7 | 5 | 6 | 1 |
| 8 | 5 | 2 | 1 | 6 | 3 | 7 | 9 | 4 |
| 6 | 3 | 9 | 7 | 8 | 4 | 1 | 2 | 5 |
| 1 | 4 | 7 | 9 | 5 | 2 | 6 | 3 | 8 |

### 79

| 4 | 6 | 9 | 1 | 2 | 7 | 5 | 8 | 3 |
|---|---|---|---|---|---|---|---|---|
| 7 | 5 | 2 | 6 | 8 | 3 | 1 | 4 | 9 |
| 8 | 1 | 3 | 9 | 4 | 5 | 6 | 7 | 2 |
| 5 | 2 | 1 | 7 | 9 | 8 | 3 | 6 | 4 |
| 3 | 9 | 8 | 4 | 1 | 6 | 7 | 2 | 5 |
| 6 | 7 | 4 | 3 | 5 | 2 | 8 | 9 | 1 |
| 1 | 3 | 7 | 2 | 6 | 4 | 9 | 5 | 8 |
| 2 | 8 | 6 | 5 | 3 | 9 | 4 | 1 | 7 |
| 9 | 4 | 5 | 8 | 7 | 1 | 2 | 3 | 6 |

### 80

| 1 | 9 | 5 | 8 | 4 | 2 | 3 | 6 | 7 |
|---|---|---|---|---|---|---|---|---|
| 3 | 4 | 6 | 1 | 7 | 9 | 2 | 5 | 8 |
| 2 | 8 | 7 | 3 | 5 | 6 | 1 | 9 | 4 |
| 9 | 2 | 8 | 5 | 3 | 7 | 4 | 1 | 6 |
| 6 | 1 | 3 | 2 | 8 | 4 | 9 | 7 | 5 |
| 7 | 5 | 4 | 9 | 6 | 1 | 8 | 2 | 3 |
| 8 | 3 | 9 | 7 | 2 | 5 | 6 | 4 | 1 |
| 4 | 7 | 2 | 6 | 1 | 3 | 5 | 8 | 9 |
| 5 | 6 | 1 | 4 | 9 | 8 | 7 | 3 | 2 |

## 不连续数独

### 81

| 1 | 5 | 7 | 9 | 6 | 4 | 2 | 8 | 3 |
|---|---|---|---|---|---|---|---|---|
| 9 | 2 | 4 | 7 | 3 | 8 | 6 | 1 | 5 |
| 3 | 8 | 6 | 2 | 5 | 1 | 9 | 4 | 7 |
| 8 | 3 | 9 | 4 | 7 | 5 | 1 | 6 | 2 |
| 4 | 7 | 2 | 6 | 1 | 9 | 5 | 3 | 8 |
| 6 | 1 | 5 | 3 | 8 | 2 | 7 | 9 | 4 |
| 2 | 6 | 8 | 1 | 4 | 7 | 3 | 5 | 9 |
| 7 | 4 | 1 | 5 | 9 | 3 | 8 | 2 | 6 |
| 5 | 9 | 3 | 8 | 2 | 6 | 4 | 7 | 1 |

### 82

| 2 | 8 | 4 | 6 | 1 | 5 | 3 | 9 | 7 |
|---|---|---|---|---|---|---|---|---|
| 9 | 5 | 7 | 3 | 8 | 2 | 6 | 1 | 4 |
| 6 | 1 | 3 | 7 | 4 | 9 | 2 | 5 | 8 |
| 3 | 6 | 1 | 4 | 9 | 7 | 5 | 8 | 2 |
| 7 | 4 | 8 | 2 | 5 | 1 | 9 | 3 | 6 |
| 5 | 9 | 2 | 8 | 3 | 6 | 4 | 7 | 1 |
| 8 | 2 | 5 | 1 | 6 | 3 | 7 | 4 | 9 |
| 4 | 7 | 9 | 5 | 2 | 8 | 1 | 6 | 3 |
| 1 | 3 | 6 | 9 | 7 | 4 | 8 | 2 | 5 |

### 83

| 7 | 2 | 6 | 3 | 1 | 5 | 9 | 4 | 8 |
|---|---|---|---|---|---|---|---|---|
| 9 | 5 | 3 | 8 | 4 | 7 | 2 | 6 | 1 |
| 4 | 8 | 1 | 6 | 9 | 2 | 5 | 3 | 7 |
| 8 | 6 | 4 | 2 | 5 | 9 | 7 | 1 | 3 |
| 1 | 9 | 2 | 7 | 3 | 6 | 4 | 8 | 5 |
| 5 | 3 | 7 | 1 | 8 | 4 | 6 | 2 | 9 |
| 3 | 7 | 9 | 4 | 6 | 1 | 8 | 5 | 2 |
| 6 | 1 | 5 | 9 | 2 | 8 | 3 | 7 | 4 |
| 2 | 4 | 8 | 5 | 7 | 3 | 1 | 9 | 6 |

### 84

| 3 | 6 | 1 | 7 | 5 | 2 | 8 | 4 | 9 |
|---|---|---|---|---|---|---|---|---|
| 8 | 4 | 9 | 3 | 1 | 6 | 2 | 7 | 5 |
| 5 | 2 | 7 | 9 | 4 | 8 | 6 | 1 | 3 |
| 9 | 5 | 2 | 4 | 7 | 1 | 3 | 8 | 6 |
| 1 | 8 | 4 | 6 | 9 | 3 | 7 | 5 | 2 |
| 7 | 3 | 6 | 8 | 2 | 5 | 1 | 9 | 4 |
| 4 | 1 | 8 | 2 | 6 | 9 | 5 | 3 | 7 |
| 2 | 7 | 3 | 5 | 8 | 4 | 9 | 6 | 1 |
| 6 | 9 | 5 | 1 | 3 | 7 | 4 | 2 | 8 |

85

| | | | | | | | | |
|---|---|---|---|---|---|---|---|---|
| 1 | 6 | 2 | 7 | 4 | 9 | 3 | 8 | 5 |
| 9 | 3 | 7 | 5 | 8 | 2 | 6 | 4 | 1 |
| 4 | 8 | 5 | 1 | 3 | 6 | 2 | 7 | 9 |
| 7 | 2 | 8 | 6 | 1 | 4 | 9 | 5 | 3 |
| 3 | 9 | 6 | 2 | 5 | 8 | 4 | 1 | 7 |
| 5 | 1 | 4 | 9 | 7 | 3 | 8 | 6 | 2 |
| 8 | 5 | 9 | 4 | 2 | 7 | 1 | 3 | 6 |
| 2 | 7 | 3 | 8 | 6 | 1 | 5 | 9 | 4 |
| 6 | 4 | 1 | 3 | 9 | 5 | 7 | 2 | 8 |

86

| | | | | | | | | |
|---|---|---|---|---|---|---|---|---|
| 9 | 1 | 6 | 3 | 7 | 2 | 4 | 8 | 5 |
| 2 | 5 | 8 | 6 | 4 | 9 | 7 | 3 | 1 |
| 4 | 7 | 3 | 8 | 1 | 5 | 2 | 6 | 9 |
| 7 | 4 | 9 | 1 | 8 | 3 | 5 | 2 | 6 |
| 3 | 6 | 1 | 5 | 2 | 7 | 9 | 4 | 8 |
| 8 | 2 | 5 | 9 | 6 | 4 | 1 | 7 | 3 |
| 5 | 8 | 2 | 4 | 9 | 6 | 3 | 1 | 7 |
| 1 | 3 | 7 | 2 | 5 | 8 | 6 | 9 | 4 |
| 6 | 9 | 4 | 7 | 3 | 1 | 8 | 5 | 2 |

87

| | | | | | | | | |
|---|---|---|---|---|---|---|---|---|
| 2 | 6 | 8 | 3 | 1 | 7 | 4 | 9 | 5 |
| 4 | 1 | 3 | 6 | 9 | 5 | 8 | 2 | 7 |
| 7 | 5 | 9 | 4 | 2 | 8 | 1 | 6 | 3 |
| 9 | 7 | 4 | 1 | 6 | 2 | 5 | 3 | 8 |
| 5 | 3 | 6 | 8 | 4 | 9 | 2 | 7 | 1 |
| 1 | 8 | 2 | 5 | 7 | 3 | 6 | 4 | 9 |
| 6 | 2 | 7 | 9 | 5 | 1 | 3 | 8 | 4 |
| 8 | 4 | 1 | 7 | 3 | 6 | 9 | 5 | 2 |
| 3 | 9 | 5 | 2 | 8 | 4 | 7 | 1 | 6 |

88

| | | | | | | | | |
|---|---|---|---|---|---|---|---|---|
| 1 | 5 | 2 | 9 | 7 | 4 | 6 | 3 | 8 |
| 8 | 3 | 6 | 2 | 5 | 1 | 9 | 7 | 4 |
| 4 | 7 | 9 | 6 | 3 | 8 | 2 | 5 | 1 |
| 9 | 4 | 7 | 3 | 1 | 6 | 8 | 2 | 5 |
| 6 | 1 | 3 | 5 | 8 | 2 | 4 | 9 | 7 |
| 2 | 8 | 5 | 7 | 4 | 9 | 1 | 6 | 3 |
| 5 | 2 | 8 | 1 | 6 | 3 | 7 | 4 | 9 |
| 3 | 6 | 1 | 4 | 9 | 7 | 5 | 8 | 2 |
| 7 | 9 | 4 | 8 | 2 | 5 | 3 | 1 | 6 |

89

| | | | | | | | | |
|---|---|---|---|---|---|---|---|---|
| 4 | 6 | 1 | 9 | 7 | 3 | 8 | 5 | 2 |
| 2 | 8 | 5 | 1 | 4 | 6 | 3 | 7 | 9 |
| 9 | 3 | 7 | 5 | 8 | 2 | 6 | 4 | 1 |
| 6 | 1 | 9 | 7 | 3 | 8 | 4 | 2 | 5 |
| 3 | 7 | 4 | 2 | 9 | 5 | 1 | 6 | 8 |
| 5 | 2 | 8 | 4 | 6 | 1 | 7 | 9 | 3 |
| 8 | 4 | 2 | 6 | 1 | 9 | 5 | 3 | 7 |
| 1 | 9 | 6 | 3 | 5 | 7 | 2 | 8 | 4 |
| 7 | 5 | 3 | 8 | 2 | 4 | 9 | 1 | 6 |

90

| | | | | | | | | |
|---|---|---|---|---|---|---|---|---|
| 3 | 7 | 2 | 4 | 6 | 9 | 5 | 8 | 1 |
| 6 | 9 | 5 | 1 | 8 | 3 | 7 | 2 | 4 |
| 1 | 4 | 8 | 5 | 2 | 7 | 3 | 6 | 9 |
| 4 | 8 | 1 | 7 | 5 | 2 | 9 | 3 | 6 |
| 7 | 2 | 6 | 3 | 9 | 4 | 1 | 5 | 8 |
| 9 | 5 | 3 | 8 | 1 | 6 | 4 | 7 | 2 |
| 5 | 1 | 9 | 6 | 3 | 8 | 2 | 4 | 7 |
| 2 | 6 | 4 | 9 | 7 | 5 | 8 | 1 | 3 |
| 8 | 3 | 7 | 2 | 4 | 1 | 6 | 9 | 5 |

## 连体数独

**91**

| 9 | 2 | 7 | 4 | 8 | 6 | 1 | 3 | 5 |   |   |   |
|---|---|---|---|---|---|---|---|---|---|---|---|
| 1 | 4 | 3 | 5 | 7 | 2 | 9 | 6 | 8 |   |   |   |
| 5 | 6 | 8 | 1 | 9 | 3 | 4 | 2 | 7 |   |   |   |
| 8 | 1 | 2 | 7 | 6 | 9 | 3 | 5 | 4 |   |   |   |
| 6 | 7 | 5 | 8 | 3 | 4 | 2 | 9 | 1 |   |   |   |
| 3 | 9 | 4 | 2 | 1 | 5 | 7 | 8 | 6 |   |   |   |
| 4 | 5 | 1 | 3 | 2 | 8 | 6 | 7 | 9 | 3 | 5 | 1 | 4 | 2 | 8 |
| 2 | 8 | 9 | 6 | 4 | 7 | 5 | 1 | 3 | 2 | 8 | 4 | 7 | 9 | 6 |
| 7 | 3 | 6 | 9 | 5 | 1 | 8 | 4 | 2 | 9 | 6 | 7 | 1 | 3 | 5 |
|   |   |   |   |   |   | 2 | 8 | 4 | 7 | 9 | 6 | 5 | 1 | 3 |
|   |   |   |   |   |   | 9 | 6 | 7 | 1 | 3 | 5 | 8 | 4 | 2 |
|   |   |   |   |   |   | 3 | 5 | 1 | 4 | 2 | 8 | 6 | 7 | 9 |
|   |   |   |   |   |   | 1 | 3 | 5 | 8 | 4 | 2 | 9 | 6 | 7 |
|   |   |   |   |   |   | 4 | 2 | 8 | 6 | 7 | 9 | 3 | 5 | 1 |
|   |   |   |   |   |   | 7 | 9 | 6 | 5 | 1 | 3 | 2 | 8 | 4 |

A / B

**92**

| 9 | 4 | 1 | 3 | 2 | 5 | 6 | 8 | 7 |   |   |   |
|---|---|---|---|---|---|---|---|---|---|---|---|
| 6 | 3 | 8 | 7 | 1 | 4 | 9 | 5 | 2 |   |   |   |
| 7 | 5 | 2 | 6 | 9 | 8 | 3 | 4 | 1 |   |   |   |
| 2 | 6 | 4 | 1 | 5 | 9 | 8 | 7 | 3 |   |   |   |
| 5 | 1 | 7 | 2 | 8 | 3 | 4 | 9 | 6 |   |   |   |
| 8 | 9 | 3 | 4 | 6 | 7 | 1 | 2 | 5 |   |   |   |
| 3 | 7 | 6 | 8 | 4 | 2 | 5 | 1 | 9 | 6 | 4 | 3 | 7 | 8 | 2 |
| 4 | 2 | 9 | 5 | 3 | 1 | 7 | 6 | 8 | 2 | 9 | 1 | 5 | 3 | 4 |
| 1 | 8 | 5 | 9 | 7 | 6 | 2 | 3 | 4 | 8 | 5 | 7 | 6 | 9 | 1 |
|   |   |   |   |   |   | 4 | 2 | 3 | 1 | 7 | 5 | 8 | 6 | 9 |
|   |   |   |   |   |   | 9 | 5 | 1 | 4 | 8 | 6 | 3 | 2 | 7 |
|   |   |   |   |   |   | 8 | 7 | 6 | 9 | 3 | 2 | 1 | 4 | 5 |
|   |   |   |   |   |   | 3 | 8 | 7 | 5 | 2 | 4 | 9 | 1 | 6 |
|   |   |   |   |   |   | 6 | 4 | 5 | 3 | 1 | 9 | 2 | 7 | 8 |
|   |   |   |   |   |   | 1 | 9 | 2 | 7 | 6 | 8 | 4 | 5 | 3 |

A / B

## 93

**A**

| 6 | 9 | 2 | 3 | 8 | 1 | 5 | 7 | 4 |
|---|---|---|---|---|---|---|---|---|
| 5 | 3 | 7 | 4 | 2 | 9 | 6 | 1 | 8 |
| 4 | 1 | 8 | 5 | 6 | 7 | 3 | 9 | 2 |
| 8 | 5 | 9 | 2 | 1 | 6 | 7 | 4 | 3 |
| 1 | 2 | 4 | 8 | 7 | 3 | 9 | 6 | 5 |
| 7 | 6 | 3 | 9 | 5 | 1 | 2 | 8 | 1 |
| 3 | 4 | 5 | 7 | 9 | 8 | 1 | 2 | 6 |
| 9 | 8 | 6 | 1 | 3 | 2 | 4 | 5 | 7 |
| 2 | 7 | 1 | 6 | 4 | 5 | 8 | 3 | 9 |

**B**

| 5 | 9 | 3 | 4 | 7 | 8 |
|---|---|---|---|---|---|
| 8 | 6 | 2 | 1 | 3 | 9 |
| 7 | 1 | 4 | 5 | 6 | 2 |
| 9 | 8 | 3 | 2 | 4 | 1 | 7 | 5 | 6 |
| 6 | 1 | 2 | 9 | 7 | 5 | 3 | 8 | 4 |
| 7 | 4 | 5 | 6 | 3 | 8 | 2 | 9 | 1 |
| 3 | 7 | 4 | 1 | 8 | 9 | 6 | 2 | 5 |
| 5 | 9 | 1 | 3 | 2 | 6 | 8 | 4 | 7 |
| 2 | 6 | 8 | 4 | 5 | 7 | 9 | 1 | 3 |

## 94

**A**

| 9 | 3 | 6 | 7 | 1 | 4 | 2 | 8 | 5 |
|---|---|---|---|---|---|---|---|---|
| 1 | 4 | 7 | 8 | 5 | 2 | 3 | 6 | 9 |
| 5 | 2 | 8 | 6 | 9 | 3 | 4 | 7 | 1 |
| 8 | 7 | 2 | 5 | 6 | 9 | 1 | 4 | 3 |
| 6 | 9 | 5 | 4 | 3 | 1 | 7 | 2 | 8 |
| 3 | 1 | 4 | 2 | 8 | 7 | 9 | 5 | 6 |
| 4 | 5 | 1 | 3 | 2 | 8 | 6 | 9 | 7 |
| 2 | 8 | 3 | 9 | 7 | 6 | 5 | 1 | 4 |
| 7 | 6 | 9 | 1 | 4 | 5 | 8 | 3 | 2 |

**B**

| 1 | 2 | 3 | 5 | 4 | 8 |
|---|---|---|---|---|---|
| 8 | 7 | 9 | 6 | 3 | 2 |
| 4 | 6 | 5 | 1 | 7 | 9 |
| 2 | 8 | 3 | 9 | 5 | 6 | 4 | 1 | 7 |
| 7 | 6 | 9 | 2 | 4 | 1 | 3 | 8 | 5 |
| 4 | 5 | 1 | 7 | 3 | 8 | 9 | 2 | 6 |
| 3 | 4 | 5 | 6 | 8 | 2 | 7 | 9 | 1 |
| 1 | 2 | 6 | 3 | 9 | 7 | 8 | 5 | 4 |
| 9 | 7 | 8 | 5 | 1 | 4 | 2 | 6 | 3 |

## 95

### A

| 9 | 5 | 3 | 7 | 6 | 2 | 8 | 1 | 4 |
|---|---|---|---|---|---|---|---|---|
| 8 | 7 | 1 | 4 | 3 | 5 | 9 | 2 | 6 |
| 4 | 2 | 6 | 8 | 9 | 1 | 7 | 5 | 3 |
| 6 | 8 | 5 | 3 | 2 | 9 | 1 | 4 | 7 |
| 2 | 3 | 4 | 6 | 1 | 7 | 5 | 9 | 8 |
| 1 | 9 | 7 | 5 | 8 | 4 | 3 | 6 | 2 |
| 7 | 4 | 8 | 1 | 5 | 6 | 2 | 3 | 9 |
| 5 | 6 | 9 | 2 | 7 | 3 | 4 | 8 | 1 |
| 3 | 1 | 2 | 9 | 4 | 8 | 6 | 7 | 5 |

### B

| 8 | 5 | 7 | 4 | 1 | 6 |
|---|---|---|---|---|---|
| 6 | 9 | 3 | 2 | 7 | 5 |
| 1 | 2 | 4 | 8 | 9 | 3 |
| 5 | 6 | 7 | 3 | 4 | 2 | 1 | 8 | 9 |
| 9 | 2 | 3 | 5 | 1 | 8 | 7 | 6 | 4 |
| 1 | 4 | 8 | 9 | 7 | 6 | 3 | 5 | 2 |
| 7 | 1 | 4 | 2 | 6 | 5 | 9 | 3 | 8 |
| 8 | 5 | 2 | 1 | 3 | 9 | 6 | 4 | 1 |
| 3 | 9 | 6 | 4 | 8 | 1 | 5 | 2 | 7 |

## 96

| 6 | 7 | 8 | 1 | 4 | 9 | 3 | 5 | 2 |
|---|---|---|---|---|---|---|---|---|
| 9 | 4 | 2 | 5 | 8 | 3 | 1 | 7 | 6 |
| 1 | 3 | 5 | 2 | 6 | 7 | 8 | 9 | 4 |
| 8 | 6 | 3 | 9 | 2 | 5 | 7 | 4 | 1 | 8 | 3 | 6 |
| 7 | 5 | 4 | 8 | 1 | 6 | 2 | 3 | 9 | 7 | 5 | 4 |
| 2 | 1 | 9 | 3 | 7 | 4 | 6 | 8 | 5 | 2 | 1 | 9 |
| 3 | 2 | 1 | 4 | 5 | 8 | 9 | 6 | 7 | 3 | 2 | 1 |
| 4 | 8 | 7 | 6 | 9 | 1 | 5 | 2 | 3 | 4 | 7 | 8 |
| 5 | 9 | 6 | 7 | 3 | 2 | 4 | 1 | 8 | 9 | 6 | 5 |
|   |   |   | 5 | 8 | 7 | 1 | 9 | 2 | 6 | 4 | 3 |
|   |   |   | 2 | 4 | 9 | 3 | 5 | 6 | 1 | 8 | 7 |
|   |   |   | 1 | 6 | 3 | 8 | 7 | 4 | 5 | 9 | 2 |

## 97

| 5 | 4 | 7 | 2 | 9 | 6 | 3 | 1 | 8 |   |   |   |
|---|---|---|---|---|---|---|---|---|---|---|---|
| 8 | 1 | 9 | 3 | 7 | 5 | 4 | 2 | 6 |   |   |   |
| 6 | 3 | 2 | 1 | 4 | 8 | 7 | 5 | 9 |   |   |   |
| 9 | 5 | 8 | 6 | 2 | 7 | 1 | 3 | 4 | 8 | 5 | 9 |
| 1 | 2 | 4 | 8 | 3 | 9 | 6 | 7 | 5 | 2 | 1 | 4 |
| 7 | 6 | 3 | 4 | 5 | 1 | 8 | 9 | 2 | 3 | 6 | 7 |
| 2 | 8 | 6 | 5 | 1 | 3 | 9 | 4 | 7 | 6 | 8 | 2 |
| 3 | 7 | 5 | 9 | 6 | 4 | 2 | 8 | 1 | 5 | 7 | 3 |
| 4 | 9 | 1 | 7 | 8 | 2 | 5 | 6 | 3 | 9 | 4 | 1 |
|   |   |   | 2 | 9 | 8 | 7 | 1 | 6 | 4 | 3 | 5 |
|   |   |   | 3 | 7 | 5 | 4 | 2 | 8 | 1 | 9 | 6 |
|   |   |   | 1 | 4 | 6 | 3 | 5 | 9 | 7 | 2 | 8 |

## 98

| 5 | 9 | 7 | 3 | 6 | 8 | 4 | 1 | 2 |   |   |   |
|---|---|---|---|---|---|---|---|---|---|---|---|
| 8 | 2 | 1 | 9 | 5 | 4 | 3 | 7 | 6 |   |   |   |
| 3 | 6 | 4 | 2 | 7 | 1 | 5 | 8 | 9 |   |   |   |
| 7 | 1 | 6 | 5 | 9 | 2 | 8 | 4 | 3 | 1 | 7 | 6 |
| 2 | 8 | 5 | 4 | 3 | 6 | 7 | 9 | 1 | 5 | 8 | 2 |
| 4 | 3 | 9 | 8 | 1 | 7 | 2 | 6 | 5 | 3 | 4 | 9 |
| 9 | 7 | 2 | 6 | 4 | 3 | 1 | 5 | 8 | 2 | 9 | 7 |
| 1 | 5 | 8 | 7 | 2 | 9 | 6 | 3 | 4 | 8 | 5 | 1 |
| 6 | 4 | 3 | 1 | 8 | 5 | 9 | 2 | 7 | 6 | 3 | 4 |
|   |   |   | 3 | 6 | 4 | 5 | 1 | 9 | 7 | 2 | 8 |
|   |   |   | 9 | 7 | 1 | 3 | 8 | 2 | 4 | 6 | 5 |
|   |   |   | 2 | 5 | 8 | 4 | 7 | 6 | 9 | 1 | 3 |

### 99

```
2 7 1 6 5 3 9 8 4
4 9 8 1 2 7 6 3 5
5 3 6 8 9 4 1 2 7
9 6 7 3 4 8 2 5 1 7 9 6
1 8 5 9 7 2 3 4 6 1 8 5
3 4 2 5 6 1 8 7 9 4 2 3
6 1 3 4 8 5 7 9 2 3 6 1
8 2 4 7 1 9 5 6 3 8 4 2
7 5 9 2 3 6 4 1 8 9 5 7
      1 9 4 6 3 5 2 7 8
      6 2 7 1 8 4 5 3 9
      8 5 3 9 2 7 6 1 4
```

### 100

```
9 8 6 5 7 4 1 3 2
1 7 5 2 3 6 4 9 8
3 2 4 8 9 1 6 5 7
5 1 7 6 4 3 2 8 9 5 1 7
6 9 2 7 5 8 3 1 4 2 6 9
8 4 3 1 2 9 7 6 5 3 8 4
4 5 1 9 6 2 8 7 3 4 5 1
7 3 8 4 1 5 9 2 6 7 3 8
2 6 9 3 8 7 5 4 1 9 2 6
      2 9 6 1 5 7 8 4 3
      5 7 4 6 3 8 1 9 2
      8 3 1 4 9 2 6 7 5
```

## 101

| 2 | 7 | 9 | 4 | 1 | 3 | 8 | 6 | 5 |   |   |   |
|---|---|---|---|---|---|---|---|---|---|---|---|
| 1 | 4 | 8 | 5 | 2 | 6 | 7 | 3 | 9 |   |   |   |
| 5 | 6 | 3 | 8 | 9 | 7 | 1 | 2 | 4 |   |   |   |
| 3 | 9 | 4 | 7 | 6 | 1 | 5 | 8 | 2 | 4 | 9 | 3 |
| 8 | 2 | 1 | 3 | 4 | 5 | 6 | 9 | 7 | 1 | 2 | 8 |
| 6 | 5 | 7 | 2 | 8 | 9 | 4 | 1 | 3 | 6 | 7 | 5 |
| 7 | 8 | 6 | 9 | 3 | 4 | 2 | 5 | 1 | 7 | 8 | 6 |
| 9 | 1 | 5 | 6 | 7 | 2 | 3 | 4 | 8 | 9 | 5 | 1 |
| 4 | 3 | 2 | 1 | 5 | 8 | 9 | 7 | 6 | 2 | 3 | 4 |
|   |   |   | 4 | 2 | 7 | 8 | 6 | 5 | 3 | 1 | 9 |
|   |   |   | 8 | 9 | 3 | 1 | 2 | 4 | 5 | 6 | 7 |
|   |   |   | 5 | 1 | 6 | 7 | 3 | 9 | 8 | 4 | 2 |

## 102

| 4 | 8 | 3 | 7 | 6 | 2 | 9 | 5 | 1 |   |   |   |
|---|---|---|---|---|---|---|---|---|---|---|---|
| 2 | 9 | 5 | 4 | 1 | 8 | 6 | 7 | 3 |   |   |   |
| 1 | 7 | 6 | 5 | 9 | 3 | 8 | 2 | 4 |   |   |   |
| 3 | 1 | 8 | 2 | 5 | 9 | 7 | 4 | 6 | 1 | 8 | 3 |
| 6 | 5 | 9 | 3 | 4 | 7 | 1 | 8 | 2 | 6 | 5 | 9 |
| 7 | 4 | 2 | 1 | 8 | 6 | 5 | 3 | 9 | 4 | 7 | 2 |
| 8 | 2 | 7 | 9 | 3 | 1 | 4 | 6 | 5 | 7 | 2 | 8 |
| 9 | 3 | 4 | 6 | 7 | 5 | 2 | 1 | 8 | 9 | 3 | 4 |
| 5 | 6 | 1 | 8 | 2 | 4 | 3 | 9 | 7 | 5 | 6 | 1 |
|   |   |   | 5 | 1 | 3 | 6 | 2 | 4 | 8 | 9 | 7 |
|   |   |   | 7 | 9 | 2 | 8 | 5 | 1 | 3 | 4 | 6 |
|   |   |   | 4 | 6 | 8 | 9 | 7 | 3 | 2 | 1 | 5 |

**103**

| 2 | 6 | 5 | 8 | 3 | 7 | 9 | 4 | 1 |
|---|---|---|---|---|---|---|---|---|
| 1 | 4 | 3 | 2 | 5 | 9 | 8 | 7 | 6 |
| 7 | 8 | 9 | 1 | 4 | 6 | 5 | 3 | 2 |
| 4 | 9 | 8 | 5 | 1 | 3 | 6 | 2 | 7 | 8 | 4 | 9 |
| 5 | 7 | 2 | 9 | 6 | 4 | 3 | 1 | 8 | 7 | 2 | 5 |
| 6 | 3 | 1 | 7 | 8 | 2 | 4 | 9 | 5 | 3 | 1 | 6 |
| 8 | 2 | 6 | 3 | 9 | 1 | 7 | 5 | 4 | 2 | 6 | 8 |
| 3 | 1 | 4 | 6 | 7 | 5 | 2 | 8 | 9 | 1 | 3 | 4 |
| 9 | 5 | 7 | 4 | 2 | 8 | 1 | 6 | 3 | 9 | 5 | 7 |
| | | | 2 | 5 | 9 | 8 | 4 | 1 | 6 | 7 | 3 |
| | | | 8 | 3 | 6 | 5 | 7 | 2 | 4 | 9 | 1 |
| | | | 1 | 4 | 7 | 9 | 3 | 6 | 5 | 8 | 2 |

**104**

| 1 | 6 | 3 | 4 | 7 | 5 | 2 | 8 | 9 |
|---|---|---|---|---|---|---|---|---|
| 2 | 9 | 8 | 1 | 6 | 3 | 4 | 5 | 7 |
| 7 | 4 | 5 | 8 | 9 | 2 | 1 | 6 | 3 |
| 6 | 1 | 4 | 9 | 5 | 8 | 3 | 7 | 2 | 6 | 4 | 1 |
| 8 | 3 | 9 | 7 | 2 | 1 | 6 | 4 | 5 | 3 | 8 | 9 |
| 5 | 7 | 2 | 6 | 3 | 4 | 9 | 1 | 8 | 7 | 2 | 5 |
| 4 | 5 | 1 | 3 | 8 | 9 | 7 | 2 | 6 | 5 | 1 | 4 |
| 3 | 8 | 7 | 2 | 4 | 6 | 5 | 9 | 1 | 8 | 7 | 3 |
| 9 | 2 | 6 | 5 | 1 | 7 | 8 | 3 | 4 | 9 | 6 | 2 |
| | | | 8 | 9 | 2 | 4 | 6 | 3 | 1 | 5 | 7 |
| | | | 4 | 7 | 5 | 1 | 8 | 9 | 2 | 3 | 6 |
| | | | 1 | 6 | 3 | 2 | 5 | 7 | 4 | 9 | 8 |

## 杀手数独

**105**

| | | | | | | | | |
|---|---|---|---|---|---|---|---|---|
| 6 | 9 | 3 | 7 | 2 | 5 | 1 | 8 | 4 |
| 7 | 8 | 2 | 4 | 6 | 1 | 9 | 3 | 5 |
| 5 | 1 | 4 | 8 | 3 | 9 | 6 | 2 | 7 |
| 2 | 5 | 6 | 3 | 9 | 4 | 8 | 7 | 1 |
| 9 | 7 | 8 | 5 | 1 | 2 | 3 | 4 | 6 |
| 4 | 3 | 1 | 6 | 8 | 7 | 2 | 5 | 9 |
| 8 | 6 | 7 | 1 | 4 | 3 | 5 | 9 | 2 |
| 1 | 2 | 5 | 9 | 7 | 8 | 4 | 6 | 3 |
| 3 | 4 | 9 | 2 | 5 | 6 | 7 | 1 | 8 |

**106**

| | | | | | | | | |
|---|---|---|---|---|---|---|---|---|
| 5 | 3 | 2 | 4 | 7 | 6 | 8 | 9 | 1 |
| 6 | 7 | 1 | 8 | 9 | 5 | 3 | 2 | 4 |
| 8 | 4 | 9 | 1 | 3 | 2 | 6 | 7 | 5 |
| 7 | 2 | 3 | 6 | 8 | 1 | 4 | 5 | 9 |
| 9 | 5 | 4 | 3 | 2 | 7 | 1 | 8 | 6 |
| 1 | 6 | 8 | 9 | 5 | 4 | 7 | 3 | 2 |
| 4 | 8 | 7 | 5 | 6 | 9 | 2 | 1 | 3 |
| 2 | 9 | 6 | 7 | 1 | 3 | 5 | 4 | 8 |
| 3 | 1 | 5 | 2 | 4 | 8 | 9 | 6 | 7 |

**107**

| | | | | | | | | |
|---|---|---|---|---|---|---|---|---|
| 6 | 5 | 2 | 7 | 1 | 8 | 4 | 3 | 9 |
| 1 | 4 | 8 | 6 | 3 | 9 | 5 | 7 | 2 |
| 3 | 9 | 7 | 4 | 5 | 2 | 1 | 6 | 8 |
| 8 | 3 | 5 | 2 | 4 | 1 | 7 | 9 | 6 |
| 9 | 2 | 4 | 3 | 7 | 6 | 8 | 5 | 1 |
| 7 | 6 | 1 | 9 | 8 | 5 | 2 | 4 | 3 |
| 5 | 7 | 6 | 8 | 2 | 3 | 9 | 1 | 4 |
| 4 | 8 | 3 | 1 | 9 | 7 | 6 | 2 | 5 |
| 2 | 1 | 9 | 5 | 6 | 4 | 3 | 8 | 7 |

**108**

| | | | | | | | | |
|---|---|---|---|---|---|---|---|---|
| 9 | 2 | 6 | 4 | 7 | 5 | 1 | 3 | 8 |
| 3 | 5 | 7 | 6 | 1 | 8 | 4 | 2 | 9 |
| 1 | 8 | 4 | 3 | 2 | 9 | 5 | 6 | 7 |
| 7 | 4 | 8 | 2 | 6 | 3 | 9 | 5 | 1 |
| 2 | 3 | 1 | 9 | 5 | 7 | 8 | 4 | 6 |
| 6 | 9 | 5 | 8 | 4 | 1 | 3 | 7 | 2 |
| 5 | 7 | 3 | 1 | 9 | 6 | 2 | 8 | 4 |
| 8 | 1 | 2 | 7 | 3 | 4 | 6 | 9 | 5 |
| 4 | 6 | 9 | 5 | 8 | 2 | 7 | 1 | 3 |

**109**

| | | | | | | | | |
|---|---|---|---|---|---|---|---|---|
| 9 | 8 | 6 | 7 | 2 | 1 | 4 | 3 | 5 |
| 7 | 5 | 1 | 4 | 6 | 3 | 9 | 8 | 2 |
| 4 | 2 | 3 | 8 | 5 | 9 | 6 | 7 | 1 |
| 3 | 1 | 8 | 6 | 4 | 2 | 7 | 5 | 9 |
| 5 | 9 | 4 | 1 | 7 | 8 | 2 | 6 | 3 |
| 2 | 6 | 7 | 9 | 3 | 5 | 1 | 4 | 8 |
| 6 | 3 | 2 | 5 | 9 | 4 | 8 | 1 | 7 |
| 1 | 7 | 5 | 2 | 8 | 6 | 3 | 9 | 4 |
| 8 | 4 | 9 | 3 | 1 | 7 | 5 | 2 | 6 |

**110**

| | | | | | | | | |
|---|---|---|---|---|---|---|---|---|
| 6 | 5 | 2 | 1 | 8 | 3 | 4 | 9 | 7 |
| 7 | 3 | 8 | 2 | 4 | 9 | 6 | 1 | 5 |
| 9 | 1 | 4 | 7 | 5 | 6 | 2 | 8 | 3 |
| 8 | 4 | 7 | 6 | 1 | 2 | 3 | 5 | 9 |
| 3 | 6 | 5 | 9 | 7 | 8 | 1 | 4 | 2 |
| 1 | 2 | 9 | 4 | 3 | 5 | 7 | 6 | 8 |
| 2 | 8 | 1 | 3 | 9 | 4 | 5 | 7 | 6 |
| 5 | 7 | 6 | 8 | 2 | 1 | 9 | 3 | 4 |
| 4 | 9 | 3 | 5 | 6 | 7 | 8 | 2 | 1 |

111

| | | | | | | | | |
|---|---|---|---|---|---|---|---|---|
| 6 | 7 | 3 | 9 | 1 | 8 | 5 | 4 | 2 |
| 9 | 4 | 1 | 2 | 7 | 5 | 6 | 8 | 3 |
| 5 | 8 | 2 | 4 | 3 | 6 | 7 | 9 | 1 |
| 8 | 2 | 6 | 5 | 9 | 3 | 1 | 7 | 4 |
| 4 | 5 | 9 | 1 | 2 | 7 | 3 | 6 | 8 |
| 3 | 1 | 7 | 6 | 8 | 4 | 2 | 5 | 9 |
| 1 | 6 | 4 | 8 | 5 | 2 | 9 | 3 | 7 |
| 7 | 9 | 8 | 3 | 6 | 1 | 4 | 2 | 5 |
| 2 | 3 | 5 | 7 | 4 | 9 | 8 | 1 | 6 |

112

| | | | | | | | | |
|---|---|---|---|---|---|---|---|---|
| 1 | 2 | 6 | 7 | 8 | 3 | 4 | 9 | 5 |
| 3 | 5 | 4 | 6 | 1 | 9 | 2 | 7 | 8 |
| 8 | 7 | 9 | 5 | 4 | 2 | 3 | 1 | 6 |
| 4 | 3 | 8 | 9 | 2 | 1 | 6 | 5 | 7 |
| 2 | 6 | 1 | 4 | 5 | 7 | 9 | 8 | 3 |
| 7 | 9 | 5 | 3 | 6 | 8 | 1 | 2 | 4 |
| 6 | 4 | 7 | 2 | 9 | 5 | 8 | 3 | 1 |
| 5 | 1 | 2 | 8 | 3 | 4 | 7 | 6 | 9 |
| 9 | 8 | 3 | 1 | 7 | 6 | 5 | 4 | 2 |

113

| | | | | | | | | |
|---|---|---|---|---|---|---|---|---|
| 6 | 1 | 7 | 8 | 3 | 9 | 5 | 2 | 4 |
| 8 | 3 | 5 | 2 | 4 | 1 | 7 | 9 | 6 |
| 2 | 9 | 4 | 5 | 7 | 6 | 1 | 3 | 8 |
| 4 | 2 | 1 | 9 | 6 | 8 | 3 | 7 | 5 |
| 7 | 8 | 6 | 1 | 5 | 3 | 9 | 4 | 2 |
| 3 | 5 | 9 | 4 | 2 | 7 | 6 | 8 | 1 |
| 9 | 4 | 8 | 7 | 1 | 5 | 2 | 6 | 3 |
| 5 | 6 | 2 | 3 | 9 | 4 | 8 | 1 | 7 |
| 1 | 7 | 3 | 6 | 8 | 2 | 4 | 5 | 9 |

114

| | | | | | | | | |
|---|---|---|---|---|---|---|---|---|
| 6 | 5 | 1 | 8 | 7 | 4 | 3 | 9 | 2 |
| 3 | 8 | 7 | 2 | 9 | 5 | 4 | 6 | 1 |
| 9 | 4 | 2 | 1 | 3 | 6 | 5 | 8 | 7 |
| 1 | 6 | 9 | 7 | 4 | 2 | 8 | 3 | 5 |
| 5 | 7 | 8 | 9 | 6 | 3 | 2 | 1 | 4 |
| 4 | 2 | 3 | 5 | 1 | 8 | 6 | 7 | 9 |
| 8 | 1 | 5 | 3 | 2 | 9 | 7 | 4 | 6 |
| 7 | 3 | 4 | 6 | 5 | 1 | 9 | 2 | 8 |
| 2 | 9 | 6 | 4 | 8 | 7 | 1 | 5 | 3 |

115

| | | | | | | | | |
|---|---|---|---|---|---|---|---|---|
| 4 | 2 | 5 | 9 | 8 | 7 | 6 | 3 | 1 |
| 9 | 8 | 3 | 6 | 1 | 5 | 7 | 2 | 4 |
| 1 | 6 | 7 | 4 | 2 | 3 | 9 | 8 | 5 |
| 3 | 1 | 8 | 7 | 6 | 9 | 5 | 4 | 2 |
| 6 | 9 | 2 | 8 | 5 | 4 | 3 | 1 | 7 |
| 7 | 5 | 4 | 2 | 3 | 1 | 8 | 6 | 9 |
| 2 | 7 | 9 | 3 | 4 | 8 | 1 | 5 | 6 |
| 5 | 3 | 6 | 1 | 7 | 2 | 4 | 9 | 8 |
| 8 | 4 | 1 | 5 | 9 | 6 | 2 | 7 | 3 |

116

| | | | | | | | | |
|---|---|---|---|---|---|---|---|---|
| 5 | 8 | 7 | 6 | 4 | 2 | 9 | 3 | 1 |
| 2 | 6 | 3 | 9 | 5 | 1 | 7 | 4 | 8 |
| 1 | 9 | 4 | 7 | 8 | 3 | 2 | 6 | 5 |
| 6 | 1 | 9 | 2 | 7 | 4 | 8 | 5 | 3 |
| 3 | 7 | 8 | 5 | 1 | 9 | 4 | 2 | 6 |
| 4 | 5 | 2 | 8 | 3 | 6 | 1 | 9 | 7 |
| 7 | 2 | 1 | 4 | 6 | 5 | 3 | 8 | 9 |
| 9 | 3 | 6 | 1 | 2 | 8 | 5 | 7 | 4 |
| 8 | 4 | 5 | 3 | 9 | 7 | 6 | 1 | 2 |

117

| | | | | | | | | |
|---|---|---|---|---|---|---|---|---|
| 5 | 4 | 8 | 2 | 3 | 9 | 7 | 6 | 1 |
| 9 | 1 | 7 | 5 | 6 | 8 | 4 | 2 | 3 |
| 3 | 2 | 6 | 7 | 4 | 1 | 8 | 9 | 5 |
| 8 | 6 | 4 | 1 | 2 | 3 | 5 | 7 | 9 |
| 1 | 7 | 9 | 8 | 5 | 4 | 6 | 3 | 2 |
| 2 | 5 | 3 | 9 | 7 | 6 | 1 | 4 | 8 |
| 7 | 9 | 2 | 4 | 1 | 5 | 3 | 8 | 6 |
| 6 | 8 | 1 | 3 | 9 | 7 | 2 | 5 | 4 |
| 4 | 3 | 5 | 6 | 8 | 2 | 9 | 1 | 7 |

118

| | | | | | | | | |
|---|---|---|---|---|---|---|---|---|
| 7 | 9 | 6 | 5 | 2 | 4 | 1 | 3 | 8 |
| 3 | 5 | 2 | 8 | 1 | 6 | 9 | 4 | 7 |
| 1 | 8 | 4 | 3 | 9 | 7 | 6 | 2 | 5 |
| 9 | 4 | 1 | 7 | 5 | 2 | 3 | 8 | 6 |
| 6 | 2 | 3 | 9 | 4 | 8 | 7 | 5 | 1 |
| 8 | 7 | 5 | 6 | 3 | 1 | 4 | 9 | 2 |
| 4 | 3 | 7 | 2 | 6 | 5 | 8 | 1 | 9 |
| 2 | 6 | 9 | 1 | 8 | 3 | 5 | 7 | 4 |
| 5 | 1 | 8 | 4 | 7 | 9 | 2 | 6 | 3 |

119

| | | | | | | | | |
|---|---|---|---|---|---|---|---|---|
| 7 | 3 | 2 | 1 | 9 | 4 | 6 | 8 | 5 |
| 8 | 4 | 9 | 6 | 5 | 7 | 1 | 2 | 3 |
| 1 | 6 | 5 | 8 | 2 | 3 | 4 | 7 | 9 |
| 5 | 9 | 7 | 4 | 1 | 8 | 3 | 6 | 2 |
| 4 | 2 | 6 | 9 | 3 | 5 | 7 | 1 | 8 |
| 3 | 8 | 1 | 2 | 7 | 6 | 5 | 9 | 4 |
| 6 | 1 | 3 | 5 | 8 | 9 | 2 | 4 | 7 |
| 2 | 5 | 8 | 7 | 4 | 1 | 9 | 3 | 6 |
| 9 | 7 | 4 | 3 | 6 | 2 | 8 | 5 | 1 |

120

| | | | | | | | | |
|---|---|---|---|---|---|---|---|---|
| 2 | 8 | 4 | 3 | 5 | 1 | 7 | 6 | 9 |
| 1 | 7 | 5 | 2 | 6 | 9 | 8 | 3 | 4 |
| 9 | 6 | 3 | 7 | 4 | 8 | 2 | 1 | 5 |
| 5 | 2 | 7 | 6 | 9 | 3 | 4 | 8 | 1 |
| 6 | 3 | 8 | 1 | 7 | 4 | 9 | 5 | 2 |
| 4 | 9 | 1 | 5 | 8 | 2 | 3 | 7 | 6 |
| 7 | 1 | 9 | 4 | 3 | 5 | 6 | 2 | 8 |
| 3 | 4 | 2 | 8 | 1 | 6 | 5 | 9 | 7 |
| 8 | 5 | 6 | 9 | 2 | 7 | 1 | 4 | 3 |

121

| | | | | | | | | |
|---|---|---|---|---|---|---|---|---|
| 6 | 3 | 8 | 9 | 4 | 1 | 2 | 5 | 1 |
| 1 | 7 | 4 | 5 | 6 | 2 | 3 | 9 | 8 |
| 9 | 5 | 2 | 8 | 1 | 3 | 6 | 7 | 4 |
| 3 | 8 | 9 | 4 | 2 | 5 | 1 | 6 | 7 |
| 5 | 4 | 1 | 6 | 8 | 7 | 9 | 3 | 2 |
| 7 | 2 | 6 | 3 | 9 | 1 | 8 | 4 | 5 |
| 8 | 6 | 5 | 1 | 4 | 9 | 7 | 2 | 3 |
| 2 | 9 | 3 | 7 | 5 | 8 | 4 | 1 | 6 |
| 4 | 1 | 7 | 2 | 3 | 6 | 5 | 8 | 9 |

122

| | | | | | | | | |
|---|---|---|---|---|---|---|---|---|
| 9 | 4 | 3 | 8 | 6 | 7 | 1 | 2 | 5 |
| 2 | 5 | 6 | 9 | 1 | 3 | 8 | 4 | 7 |
| 7 | 1 | 8 | 4 | 2 | 5 | 9 | 6 | 3 |
| 5 | 2 | 7 | 6 | 4 | 1 | 3 | 9 | 8 |
| 1 | 6 | 9 | 5 | 3 | 8 | 4 | 7 | 2 |
| 3 | 8 | 4 | 7 | 9 | 2 | 6 | 5 | 1 |
| 8 | 9 | 2 | 3 | 5 | 4 | 7 | 1 | 6 |
| 4 | 3 | 1 | 2 | 7 | 6 | 5 | 8 | 9 |
| 6 | 7 | 5 | 1 | 8 | 9 | 2 | 3 | 4 |

123

| | | | | | | | | |
|---|---|---|---|---|---|---|---|---|
| [12]8 | 3 | 1 | [21]9 | 4 | [13]7 | 6 | [16]2 | 5 |
| [20]2 | 5 | 6 | [12]3 | 8 | [9]1 | [16]7 | 9 | [7]4 |
| [19]9 | 7 | 4 | 5 | 6 | 2 | 1 | 8 | 3 |
| 1 | 4 | [9]2 | [8]6 | [12]7 | 5 | [20]8 | 3 | 9 |
| 5 | [17]8 | 7 | 2 | [14]9 | [8]3 | 4 | 1 | [15]6 |
| 3 | 6 | [22]9 | [17]8 | 1 | 4 | [8]5 | 7 | 2 |
| [13]6 | [3]1 | 5 | 7 | 2 | [15]9 | 3 | [12]4 | 8 |
| 7 | 2 | 8 | [7]4 | 3 | 6 | [14]9 | 5 | [8]1 |
| [16]4 | 9 | 3 | [14]1 | 5 | 8 | [8]2 | 6 | 7 |

124

| | | | | | | | | |
|---|---|---|---|---|---|---|---|---|
| [19]7 | [12]3 | 9 | [13]5 | 1 | [16]8 | 6 | [9]4 | 2 |
| 8 | [7]6 | [11]5 | 4 | 7 | 2 | [17]1 | 9 | 3 |
| 4 | 1 | 2 | [9]3 | 6 | [14]9 | 7 | [13]8 | 5 |
| [14]5 | 8 | 1 | [11]2 | 9 | 4 | [5]3 | [22]7 | 6 |
| [14]3 | [17]7 | 4 | 6 | [18]8 | 1 | 2 | [10]5 | 9 |
| 2 | 9 | [13]6 | 7 | 3 | [13]5 | [22]8 | 1 | 4 |
| [5]1 | 4 | 7 | [10]9 | 2 | 6 | 5 | [5]3 | [15]8 |
| [15]6 | [13]5 | 8 | 1 | [7]4 | 3 | 9 | 2 | 7 |
| 9 | [5]2 | 3 | [20]8 | 5 | 7 | [11]4 | 6 | 1 |

125

| | | | | | | | | |
|---|---|---|---|---|---|---|---|---|
| [10]8 | 2 | [9]5 | 4 | [10]3 | 6 | [17]9 | 7 | 1 |
| [11]4 | [16]9 | 7 | [10]8 | 2 | 1 | [16]3 | [21]5 | 6 |
| 6 | 1 | [13]3 | [12]7 | 5 | 9 | 4 | 8 | 2 |
| [19]7 | 6 | 4 | [16]9 | [15]8 | 3 | [11]1 | [7]2 | 5 |
| 9 | [8]5 | 1 | 2 | [7]6 | 4 | 7 | 3 | [21]8 |
| 3 | [12]8 | 2 | 5 | 1 | [13]7 | 6 | 9 | 4 |
| [8]5 | 4 | [17]9 | [10]6 | [13]7 | 2 | [15]8 | [4]1 | 3 |
| 1 | [16]7 | 8 | 3 | 4 | 5 | 2 | [15]6 | [16]9 |
| 2 | 3 | 6 | 1 | [17]9 | 8 | 5 | 4 | 7 |

126

| | | | | | | | | |
|---|---|---|---|---|---|---|---|---|
| [15]5 | 2 | 8 | [10]4 | [10]7 | 3 | [16]9 | 1 | 6 |
| [10]7 | [14]9 | 1 | 6 | [16]2 | 5 | [9]3 | [12]4 | 8 |
| 3 | 4 | [10]6 | [15]8 | 9 | 1 | 5 | [9]7 | 2 |
| [23]9 | [4]3 | 4 | 7 | [16]6 | 2 | [12]1 | [13]8 | 5 |
| 6 | 1 | [9]7 | [18]5 | 3 | 8 | 2 | 9 | [13]4 |
| 8 | [11]5 | 2 | 9 | 1 | [11]4 | 7 | 6 | 3 |
| [7]1 | 6 | [8]5 | [6]2 | [20]8 | 7 | [19]4 | [12]3 | 9 |
| 4 | [24]8 | 3 | 1 | 5 | 9 | 6 | [15]2 | [8]7 |
| 2 | 7 | 9 | 3 | [10]4 | 6 | 8 | 5 | 1 |

127

| | | | | | | | | |
|---|---|---|---|---|---|---|---|---|
| [22]8 | 5 | [17]6 | [6]4 | 2 | [10]9 | 1 | [15]7 | 8 |
| [12]3 | 9 | 4 | 7 | [13]8 | [10]1 | 6 | [15]2 | 5 |
| 2 | 7 | [6]1 | [7]6 | 5 | 3 | [13]8 | 4 | 9 |
| [12]7 | 2 | 3 | 1 | [16]4 | 6 | 5 | [24]9 | 8 |
| 4 | 1 | [8]5 | 3 | [16]9 | 8 | [5]2 | [13]6 | 7 |
| [13]9 | [14]6 | 8 | [21]5 | 7 | [18]2 | 3 | 1 | 4 |
| 1 | [11]3 | 7 | 9 | [9]6 | 5 | [12]4 | 8 | 2 |
| [11]6 | 8 | [19]9 | 2 | 3 | 4 | 7 | [12]5 | 1 |
| 5 | [6]4 | 2 | 8 | [8]1 | 7 | [12]9 | 3 | 6 |

128

| | | | | | | | | |
|---|---|---|---|---|---|---|---|---|
| [19]9 | [9]2 | 7 | [11]3 | 8 | [7]6 | 1 | [12]4 | 5 |
| 6 | 4 | [11]1 | 7 | [7]2 | 5 | [16]9 | 3 | [10]8 |
| [13]5 | 8 | 3 | [14]9 | 1 | [13]4 | 7 | [13]6 | 2 |
| [3]1 | [19]5 | 8 | 2 | 4 | 3 | 6 | 7 | [22]9 |
| 2 | [16]9 | 4 | [18]6 | 7 | [18]8 | 3 | 5 | 1 |
| [11]3 | 7 | [12]6 | 5 | [10]9 | 1 | 2 | 8 | 4 |
| 8 | 3 | 2 | [10]4 | 6 | [14]9 | 5 | [8]1 | 7 |
| [11]7 | 1 | [13]5 | 8 | [5]3 | 2 | [15]4 | 9 | [9]6 |
| 4 | [15]6 | 9 | [6]1 | 5 | [15]7 | 8 | 2 | 3 |